PABLO DONOSO

DISTRITO VEGANO
[VEGAN GOOD FOOD]

Recetas clásicas en versión 100% vegetal

diversa

ÍNDICE

Ensaladas, patés, tortillas, salsas, platos principales, pizzas, panes, hamburguesas, mermeladas, coberturas, tartas, postres... ¡Déjate sorprender por las recetas de Distrito Vegano!

ENTRANTES

HUMMUS
ESTILO DISTRITO
.....15.....

HUMMUS DE MANGO
Y ALMENDRAS
.....17.....

HUMMUS
DE ARÁNDANOS
.....19.....

PATÉ
DE SETAS Y CASTAÑAS
.....21.....

PATÉ DE TOMATES
SECOS Y ALMENDRAS
.....23.....

SOBRASADA
VEGANA
.....25.....

TAPENADE
PROVENZAL
.....27.....

GUACAMOLE
Y PICO DE GALLO
.....29.....

ENSALADA
CHILENA
.....31.....

ENSALADA RAFF
RAW
.....33.....

ENSALADA
GRIEGA
.....35.....

ENSALADA QUINOA
GREEN
.....37.....

TOMATES
RELLENOS
.....39.....

TORTILLAS

TORTILLA DE PATATAS
CONFITADAS
.....43.....

TORTILLA DE PATATAS
CON ESPINACAS
.....45.....

TORTILLA DE PATATAS
CON CHORIZO
.....47.....

SALSAS

SALSA
VEGANESA
.....51.....

SALSA VEGANESA
DE PIMIENTOS
.....53.....

SALSA VEGANESA
DE AGUACATE
.....55.....

MOSTAZA
AL AGAVE
.....57.....

SALSA
TÁRTARA
.....59.....

ALI OLI
CON JENGIBRE
.....61.....

SALSA DE KÉTCHUP
SIN AZÚCAR
.....63.....

SALSA
TZATZIKI
..... 65 .....

SALSA
CABRALES
..... 67 .....

SALSA DE TOMATE
AROMÁTICA
..... 69 .....

CHUTNEY DE MANGO
Y ALBAHACA
..... 71 .....

LASAÑA
DE BERENJENAS
..... 75 .....

ZAPALLITOS
ITALIANOS AL HORNO
..... 77 .....

PASTEL
DE PAPAS
..... 79 .....

RISOTTO
DE REMOLACHA
..... 81 .....

LOS GNOCCHI
DE LA NONNA
..... 83 .....

LACÓN
A LA GALLEGA
..... 85 .....

CARRILLADA
VEGANA
..... 87 .....

COCIDO
MADRILEÑO
..... 89 .....

MASAS

MASA
PARA PIZZA
..... 93 .....

PIZZA
MEDITERRÁNEA
..... 95 .....

FOCACCIA
DE ACEITUNAS
..... 97 .....

PAN
CHORICERO
..... 99 .....

PAN
NAAN
..... 101 .....

Atrévete a descubrir recetas llenas de sabor

(vegan good food)

INCREDIBLY DELICIOUS MENU
BEST FAMILY RESTAURANT

HAMBURGUESAS

QUINOA
CHEESE BURGER
..... 105 .....

LA MEXICANA
BURGER
..... 107 .....

EXÓTICA
BURGER
..... 109 .....

LA GRIEGA
BURGER
..... 111 .....

PULLED
PORK
..... 113 .....

SÁNDWICH
CLUB
..... 115 .....

COMPLETO
CHILENO
..... 117 .....

DULCES

COBERTURA
DE CHOCOLATE
..... 121 .....

COBERTURA
DE CHOCOLATE BLANCO
..... 123 .....

GLASEADO
DE QUESO
..... 125 .....

MERMELADA
DE FRESAS AL CAVA
..... 127 .....

MERMELADA
DE BERENJENAS
..... 129 .....

MERMELADA
DE PERAS AL CACAO
..... 131 .....

BIZCOCHO
DE ALMENDRAS
..... 133 .....

TARTA
DE MELOCOTONES
..... 135 .....

BIZCOCHO
DE PLÁTANO
..... 137 .....

TARTA
SACHER
..... 139 .....

TARTA
SELVA NEGRA
..... 141 .....

BIZCOCHO
DE REMOLACHA
..... 143 .....

TARTA
RED VELVET
..... 145 .....

BIZCOCHO
DE ZANAHORIA
..... 147 .....

TARTA
DE ZANAHORIA
..... 149 .....

BROWNIE
DE CHOCOLATE
..... 151 .....

TARTALETA
DE RUIBARBO
..... 153 .....

SALAME
DI CIOCCOLATO
..... 155 .....

PANNA COTTA
CON CONFITURA
..... 157 .....

En este libro, las puertas de Distrito Vegano se abren para recorrer el mundo a través de su cocina y descubrir que una alimentación 100% vegetal es posible. *Go vegan!*

Gracias a Sergio y Carmen, mis padres, por haberme dado todo para poder empezar Distrito Vegano y seguir a mi lado en esta aventura. Gracias a todo mi equipo, por hacer de nuestro proyecto algo tan maravilloso y bonito. Gracias a Betsabet, mi hermana, por estas fotos llenas de vida y color. Y gracias a ti, por comprarlo, por dejarme entrar en tu cocina.

EL RESTAURANTE
[VEGAN FOOD & ART]

A veces la vida quiere que pases por un conjunto de sucesos que te llevan a dar un giro de 180º. Distrito Vegano abrió sus puertas en julio de 2016, como un proyecto familiar. En ese momento, solo yo había comenzado a ser vegano meses antes, y con miedo y algo incrédulos los demás habían aceptado empezar esta aventura.

Si miro un año atrás esto era una locura. Mis planes de vida eran trabajar en el mundo de la moda; llevaba trabajando desde los 18 años para pagarme todos mis estudios. Pero comenzó el año 2016 y mis padres me propusieron un proyecto: abrir juntos un local de tapas, algo informal, donde daríamos de comer a la gente con nuestras recetas familiares, y me propusieron que con mi experiencia de cara al público fuese yo quien lo dirigiera. En esa época de mi vida me encontraba algo perdido y desanimado con una industria tan dura y tan fría como la de la moda, así que acepté.

Poco tiempo después empezó mi cambio de la mano de Eugenia, una amiga vegana que conocí en 2015 cuando vivía en Barcelona. Cada vez que venía de visita a Madrid se quedaba en casa y hacíamos únicamente comida vegana. Para mí fue un gran descubrimiento ver que esos días eran los que mejor me encontraba. Mi estado de ánimo mejoraba, desaparecían mis ardores, tenía más energía. Al experimentar esas mejoras empecé a plantearme dar el paso y cambiar la forma de alimentarme, pero algo me decía que la alimentación no era suficiente, así que leí artículos, busqué estudios, vi vídeos y recopilé la mayor información posible.

Al cabo de un par de semanas tenía algo claro: mi vida iba a cambiar. Iba a dejar todo lo que conllevara maltrato a otros animales y además aceptaría el proyecto de mis padres, aunque con una única condición: tendría que ser un local 100% vegano. Ellos, nerviosos y

con muchas dudas al respecto, aceptaron. Y así comenzó la búsqueda de local, crear el proyecto y pedir préstamos.

Llegó el 13 de julio, el día que abrimos Distrito Vegano. Tímidos, con miedo, algo perdidos y con un montón de recetas que habíamos creado. Emprendimos un concepto de comida estilo *fast food* pero dándole una vuelta, haciendo que cada plato, además de delicioso, fuera nutritivo, que aportara todos los nutrientes que nos hacen falta para tener una alimentación vegetal completa. El bar de tapas finalmente acabó siendo un pequeño restaurante que pocos meses después se llenaba de gente. Trabajábamos con reservas y muchos días era —y es— difícil encontrar sitio incluso en la barra. Salimos en muchos blogs de Madrid que hablaban de nosotros como un referente en el panorama vegano de la ciudad.

Pocos meses después de abrir comenzó Tapapiés 2016, una de las ferias de tapas más importantes de Madrid, que se hace en nuestro barrio, Lavapiés. Con nuestra croqueta de cocido quedamos en un quinto puesto, algo que nos hace sentir muy orgullosos, ya que entre más de cien tapas en una ruta de tradición poco vegana esto era todo un logro. Un año después, en octubre de 2017, presentamos una carrillada vegana y 600 kilos de este plato después ganamos; fuimos según votación popular la Mejor Tapa Tapapiés 2017. Era la primera vez que una tapa vegana resultaba victoriosa. Algo hemos hecho bien: dar más visibilidad al veganismo.

Este libro nace con el fin de demostrar que una alimentación 100% vegetal es posible sin apenas notar cambios en tu rutina. Hoy en día todos los productos que conllevan explotación animal pueden ser fácilmente sustituidos por productos vegetales.

Lo divertido de crear una carta es que todo lo que queremos poner hay que hacerlo y probarlo. En nuestra familia nos encanta cocinar, nos encanta «destrozar» recetas tradicionales, probar combinaciones arriesgadas y, como veganos muy golosos, reinterpretar recetas de todo el mundo.

En este apartado descubrirás recetas que nos han acompañado desde que abrimos en julio de 2016. Como en muchas otras que encontrarás a lo largo de nuestro libro, verás que utilizamos una gran cantidad de legumbres y frutos secos, que es algo muy importante en una alimentación 100% vegetal.

Las cantidades de sal y especias son hechas a nuestra medida y gusto y recomiendo que adaptes a tu gusto la cantidad de estas, o remplaces alguna por algo que sea más de tu agrado.

EN ESTA SECCIÓN PODRÁS ENCONTRAR RECETAS PARA PREPARAR PATÉS Y ENSALADAS.

PATÉS

Son deliciosos
Se hacen rápido
Los puedes hacer supernutritivos

Cuando prepares patés,
te recomiendo que experimentes
a tu gusto cambiando
los ingredientes como quieras.

ENSALADAS

Muchas veces parece resultarles chocante a algunas personas el hecho de que las ensaladas ocupen tan poco lugar en nuestra carta. Como vegano he de decir que si como ensaladas es en casa, por la noche, o en todo caso cuando he tenido que ir a un restaurante con escasas o ninguna opción sin nada de origen animal más que una ensalada de la casa, sin pollo, sin huevo…, sin todo. Creo que por eso preferimos volcar nuestra imaginación en otros platos y reducir el número de ensaladas.

Aun así hemos trabajado mucho en estas para que se salgan de lo habitual y su resultado sea llamativo y delicioso.

[HUMMUS ESTILO DISTRITO]

Un plato tan sencillo de elaborar y con tantas variantes como tu imaginación te permita. No hemos inventado el hummus, y pedimos disculpas a quienes se sientan ofendidos por nuestros cambios, pero esperamos que disfrutes de todas sus variantes.

RACIONES 4-6 personas | **TIEMPO** 10 minutos | **DIFICULTAD**

INGREDIENTES

- 400 g de garbanzos cocidos
- 60 g de tahini
- 1 diente de ajo pequeño
- 1 lima
- 100 ml de aceite de oliva virgen extra
- 1 pizca de comino
- 1 cda. de curry
- 1 cdta. de sal

PREPARACIÓN

01 Tritura el ajo, el aceite de oliva, el tahini y las especias con una batidora de mano hasta que quede una masa homogénea.

02 Por otra parte, lava los garbanzos, escurre sin dejar que queden secos del todo y agrega a la mezcla anterior.

03 Incorpora la lima y tritura hasta que quede del todo una pasta.

[CONSEJOS]

✓ Si tu batidora no tiene mucha potencia, ve agregando los garbanzos poco a poco.

✓ Si al lavar los garbanzos los dejas muy secos, tendrás que agregar algo líquido, así que te recomiendo que reserves un poco del caldo de hervirlos por si el hummus queda muy seco.

[HUMMUS DE MANGO Y ALMENDRAS]

Una receta que reinventa completamente el hummus, sustituyendo un ingrediente clave como es el tahini por almendras crudas, con las que haremos una pasta.

RACIONES 4-6 personas | **TIEMPO** 15 minutos | **DIFICULTAD**

INGREDIENTES

- 400 g de garbanzos cocidos
- 100 g de almendras crudas peladas
- 150 g de mango maduro
- 1 diente de ajo pequeño
- 1 lima
- 50 ml de aceite de oliva virgen extra
- 1 cda. de curry
- 1 cdta. de sal

PREPARACIÓN

01 Muele las almendras y ve agregando poco a poco el aceite de oliva hasta que se forme una pasta homogénea. Con la ayuda de una espátula o cuchara mueve la mezcla para que quede bien triturada, y reserva.

02 Por otra parte, lava los garbanzos y escúrrelos, ponlos en un vaso de la batidora junto con el ajo sin su germen, el mango, el curry, la sal y el zumo de la lima, y tritura.

03 Cuando esté todo bien integrado, agrega las almendras molidas y vuelve a triturar.

[CONSEJOS]

✓ La madurez del mango dará más o menos dulzor al hummus.

✓ Si utilizas garbanzos de bote, intenta que sean ecológicos, para que lleven solo la legumbre, agua y sal.

✓ Añade cuatro gotas de tabasco y le darás un toque picante maravilloso.

[HUMMUS DE ARÁNDANOS]

¿Quién iba a pensar que con fruta y garbanzos podían salir cosas tan ricas? Esta receta la descubrí por accidente una tarde que estaba diseñando la carta de Distrito Vegano. Siempre comienzo haciendo un borrador con los nuevos platos tirando de mis notas del móvil, que están llenas de cosas que voy viendo y probando en mis viajes, pero en este caso estaba ya cansado de darle vueltas a todo y me fui a preparar algo de cena. Como casi nunca como en casa, tenía un bote de garbanzos cocidos, unos arándanos que empezaban a estar muy maduros y poco más en la nevera, y ¿por qué no?...

RACIONES 4-6 personas | **TIEMPO** 10 minutos | **DIFICULTAD**

INGREDIENTES

- 400 g de garbanzos cocidos
- 200 g de arándanos un poco maduros
- 80 g de pistachos
- 80 g de tahini
- 50 ml de aceite de oliva virgen extra
- 1 lima
- 1 cdta. de sal

PREPARACIÓN

01 Pon en el vaso de la batidora de mano el aceite, el tahini, el zumo de la lima y los pistachos.

02 Tritura hasta hacer una pasta homogénea, agrega los arándanos, sigue triturando y por último añade los garbanzos, bien lavados y escurridos, y la sal. Y ya tenemos nuestro hummus de arándanos.

[CONSEJOS]

√ Puedes eliminar los pistachos y el resultado queda igual de rico.

√ Prueba con frambuesas o moras, o con una mezcla de ambas; como suelo decir, destroza la receta a tu gusto.

[PATÉ DE SETAS Y CASTAÑAS]

La primera vez que creamos esta receta el sabor me recordó mucho al sabor del foie-gras, algo un poco impactante. Es un fijo en la carta de otoño, y en casa lo hacemos para ocasiones especiales.

RACIONES 4-6 personas | **TIEMPO** 30 minutos | **DIFICULTAD**

INGREDIENTES

- 400 g de setas ostras
- 200 g de castañas asadas o tostadas
- 50 ml de aceite de oliva virgen extra
- 50 ml de vino blanco
- 2 hojas de albahaca
- 1 cdta. de pimienta
- 1 cda. de sal

PREPARACIÓN

01 Corta las setas en tiras y ponlas en una sartén con el aceite caliente, saltea un poco y cuando empiecen a estar doradas agrega el vino, déjalo reducir un par de minutos y reserva.

02 Pela las castañas y tritúralas hasta hacer un puré. Añade las setas y el resto de ingredientes, y tritúralo todo junto hasta tener el paté.

03 Deja reposar en la nevera.

[CONSEJOS]

✓ Es muy importante triturar muy bien todos los ingredientes para que el resultado del paté sea cremoso y uniforme.

✓ Si las setas tienen los tallos muy duros, córtalos antes de saltearlas y deséchalos o resérvalos para un caldo de verduras.

ENTRANTES 21

[PATÉ DE TOMATES SECOS Y ALMENDRAS]

Otro fijo en nuestra carta, supersabroso. Es una manera ideal de que los menos amantes de las lentejas las coman. Es increíble como personas que no son nada fans de las legumbres las comen sin problema al estar hechas de esta manera.

RACIONES 4-6 personas | **TIEMPO** 15 minutos | **DIFICULTAD**

INGREDIENTES

- 400 g de lentejas
- 60 g de tomates secos
- 40 ml de aceite de oliva
- 40 g de harina de almendra
- 1 cdta. de pimentón choricero
- 1 pizca de comino

PREPARACIÓN

01 Pon los tomates secos y el aceite de oliva en un procesador o usa la batidora de mano, y tritura hasta que quede una pasta.

02 Haz lo mismo con las lentejas escurridas, la harina de almendra y las especias, y mezcla con la pasta de tomates secos. Si queda muy seco, pon un poco más de aceite.

[CONSEJOS]

✓ No uses sal, los tomates secos ya tienen suficiente.

✓ Cuando compro tomates secos los pongo en un bote de cristal con aceite de oliva virgen extra, así se mantienen mejor y quedan más tiernos.

✓ Al igual que los garbanzos, si utilizas las lentejas de bote que sean ecológicas, y lávalas pero sin dejarlas secas del todo.

ENTRANTES

[SOBRASADA VEGANA]

Hay muchas recetas de sobrasadas veganas, pero no todas me convencían. La ventaja de hacerla con boniato es que es más fibrosa y en textura resulta más similar a la tradicional.

RACIONES 4-6 personas | **TIEMPO** 35 minutos | **DIFICULTAD**

INGREDIENTES

- 500 g de boniato
- 50 ml de aceite de oliva virgen extra
- 6 cdas. de pulpa de pimentón choricero
- 5 cdas. de pimentón ahumado
- 1 chorrito de vinagre de manzana
- 1 pizca de pimienta
- 1 cda. de sal

PREPARACIÓN

01 Trocea el boniato y hiérvelo durante 25 minutos, o hasta que esté blando del todo.

02 Cuélalo y ponlo en el vaso de la batidora con el resto de ingredientes.

03 Tritura hasta que quede una pasta.

[CONSEJO]

✓ Si lo prefieres, puedes variar las especias para hacer la sobrasada a tu gusto.

[TAPENADE PROVENZAL]

Para esta receta utilizaremos unos «boquerones» a base de calabacines macerados, que son una parte muy importante de la tapenade para darle un sabor más intenso. Es un paté muy delicioso con el que conquistarás a más de una persona.

RACIONES 4-6 personas | **TIEMPO** 15 minutos | **DIFICULTAD**

INGREDIENTES

- 150 g de «boquerones»
- 300 g de aceitunas negras deshuesadas
- 50 ml de aceite de oliva virgen extra
- 1 diente de ajo
- 1 cdta. de orégano
- 1 cdta. de albahaca
- 1 cda. de alcaparras
- 1 pizca de pimienta

PREPARACIÓN

01 Mezcla todos los ingredientes en un vaso de la batidora de mano y tritura.

[CONSEJOS]

✓ Para hacer los «boquerones», pela el calabacín y córtalo en tiras muy finas a lo largo. Puedes usar un pelador para que queden todas más iguales. Pon las tiras de calabacín en un túper con vinagre de manzana hasta que estén bien cubiertas y déjalas una noche entera para que maceren. Al día siguiente, pon en un túper una capa de calabacín, sal gorda, aceite de oliva y perejil fresco picado, y repite hasta que no quede calabacín. Puedes hacer una cantidad superior a la que necesites, y así podrás tener para más recetas.

✓ No pongas sal a la *tapenade*, ya que muchos de sus ingredientes ya la llevan.

[GUACAMOLE Y PICO DE GALLO]

Para unos totopos de maíz, para nuestro completo chileno o para lo que quieras, dos recetas mexicanas que nunca fallan.

RACIONES 4-6 personas | **TIEMPO** 15 minutos | **DIFICULTAD**

INGREDIENTES

- 600 g de aguacates maduros deshuesados
- 150 g de cebolla morada
- 400 g de tomate pera
- 2 cdas. de cilantro fresco picado
- El zumo de 2 limas
- 1 chorrito de tabasco
- Sal

PREPARACIÓN

01 Pela y corta la cebolla en cuadraditos finos.

02 Parte los tomates, quítales las semillas y córtalos como la cebolla.

03 Mezcla los tomates con la cebolla, el cilantro, el zumo de las limas, tabasco y sal al gusto. Y ya tienes tu pico de gallo.

04 Para hacer el guacamole, muele los aguacates con un tenedor y agrega el pico de gallo.

[CONSEJOS]

✓ Nuestros nachos, que tanto gustan, los puedes hacer con: pico de gallo, aguacate molido, salsa tártara, frijoles negros, queso vegetal y jalapeños.

✓ Pon los nachos en una fuente de horno, el queso vegetal que quieras en la cantidad que quieras, y los horneas a 200º. Cuando el queso se vea fundido, los sacas, pones los frijoles, el aguacate, el pico de gallo, la salsa tártara y los jalapeños.

[ENSALADA CHILENA]

Una ensalada superfresca ideal para el verano. Es una ensalada que ha acompañado las comidas familiares durante varias generaciones y por eso ha estado presente en nuestro restaurante varias veces.

RACIONES 2-4 personas | **TIEMPO** 15 minutos | **DIFICULTAD**

INGREDIENTES

1 kg de tomates un poco verdes
400 g de cebolla
1 ramillete de cilantro fresco
El zumo de 2 limas
Aceite de oliva virgen extra
Sal

PREPARACIÓN

01 Corta los tomates en cuartos, o más pequeños, y las cebollas en rodajas finas. Pica el cilantro.

02 Mezcla todo y aliña con el aceite, la sal y el zumo de lima.

[CONSEJO]

✓ Si lo combinas con judías blancas, haces un plato muy completo y que es perfecto para comer legumbres en verano.

[ENSALADA RAFF RAW]

Esta ensalada gustó mucho cuando estuvo en el restaurante. Solo la tuvimos una temporada, así que la rescatamos para que la podáis disfrutar siempre que queráis.

RACIONES 2-4 personas | **TIEMPO** 15 minutos | **DIFICULTAD**

INGREDIENTES

1 kg de tomates Raff
200 g de «boquerones» (pág. 27, consejos)
200 g de aceitunas negras en rodajas
150 g de anacardos crudos
Aceite de oliva virgen extra
Sal en escamas

PREPARACIÓN

01 Corta los tomates en rodajas.

02 Aplasta los anacardos con la parte plana del cuchillo para romperlos en trozos desiguales.

03 Pon en un plato una rodaja de tomate y encima una loncha de «boquerones», y repítelo hasta llenar el plato.

04 Pon aceite de oliva virgen extra, los anacardos, las olivas y la sal escamada.

[CONSEJO]

✓ Es muy importante elegir un buen tomate para que el resultado sea muy sabroso.

[ENSALADA GRIEGA]

Una ensalada fresca y muy sabrosa. Encontramos un queso vegetal estilo griego que es tremendamente parecido al original.

RACIONES 2-4 personas | **TIEMPO** 15 minutos | **DIFICULTAD**

INGREDIENTES

- 1 lechuga roble
- 1 lechuga romana
- 500 g de tomates en rama
- 250 g de cebolla morada
- 200 g de queso vegetal estilo feta
- 200 g de aceitunas negras
- 200 ml de salsa *tzatziki* (pág. 65)
- Aceite de oliva virgen extra

PREPARACIÓN

01 Lava las lechugas y pártelas con las manos, desechando la parte dura del tallo.

02 Pica el queso vegetal en cuadraditos, corta la cebolla en rodajas finas y corta el tomate en cuartos.

03 Pon en un bol las hojas verdes, la cebolla, el tomate, el queso y las aceitunas, y por último aliña con la salsa *tzatziki* y aceite al gusto.

[CONSEJO]

✓ Si no encuentras queso feta vegano puedes hacerlo casero: envuelve un bloque de unos 250 gramos de tofu en un paño limpio y ponle peso encima durante una media hora, para que suelte el agua; después córtalo a daditos y ponlo en un túper con media taza de vinagre de manzana, media taza de agua, un cuarto de taza de zumo de limón y orégano al gusto (también puedes usar perejil u otras especias). Deja marinar en la nevera al menos durante unas horas, aunque si lo dejas 2 o 3 días cogerá más sabor. A la hora de servir, saca solo la cantidad necesaria, y deja el resto en el marinado.

[ENSALADA QUINOA GREEN]

Presente desde 2016 con ligeras modificaciones, sigue en carta, al ser una ensalada atemporal que siempre apetece. Su combinación de texturas y sabores es perfecta.

RACIONES 2-4 personas | **TIEMPO** 15 minutos | **DIFICULTAD** ▼

INGREDIENTES

- 100 g de quinoa roja
- 100 g de quinoa real
- 1 lechuga roble
- 1 lechuga romana
- 1 lechuga escarola
- 1 aguacate de unos 250 g
- 200 g de nueces picadas
- Germinados de alfalfa
- 1 lima
- Aceite de oliva virgen extra
- Vinagre balsámico
- Sal

PREPARACIÓN

01 En una olla pequeña pon los dos tipos de quinoa con abundante agua, sal y aceite de oliva virgen extra, lleva a ebullición y deja cocer 15 minutos. Cuélala si ha sobrado agua y deja enfriar.

02 Lava las lechugas y pártelas con las manos, desechando la parte dura del tallo.

03 Parte el aguacate por la mitad, vacíalo en un cuenco, ponle el zumo de la lima y un poco de sal, y muélelo con un tenedor.

04 Pon en un bol de ensalada las hojas verdes en el fondo. Luego, como si dividieras la ensaladera en cuatro, pon en una parte las nueces, en otra las quinoas, en otra el aguacate molido y, por último, en el hueco que queda, los germinados.

05 Pon el aceite de oliva virgen extra, la sal y, por último, haciendo zigzag, el vinagre balsámico.

[CONSEJO]

✓ Si tienes un sacabolas de helado, haz con el aguacate dos bolas para poner sobre la ensalada.

[TOMATES RELLENOS]

Una ensalada muy típica de Chile, con muchas variantes. En este caso la haremos rellena de un «atún vegetal» y un revuelto de tofu con veganesa.

RACIONES 2-4 personas | **TIEMPO** 1 hora | **DIFICULTAD**

INGREDIENTES

- 500 g de bocados de Heüra sabor natural
- 50 g de alga wakame
- 6 tomates de unos 200 g mínimo cada uno, que no estén muy maduros
- 200 g de tofu blando
- 150 g de aceitunas verdes
- 200 ml de veganesa (pág. 51)
- 1 cda. de cúrcuma
- 2 cdas. de perejil fresco picado
- 150 ml de aceite de oliva virgen extra
- Vinagre balsámico
- Sal

PREPARACIÓN

01 El día anterior deja en remojo durante media hora el alga wakame con abundante agua, cuélala y colócala con el Heüra en una trituradora hasta que los bocados sean trozos muy pequeños. Ponlo todo en un túper, echa el aceite de oliva virgen extra y deja macerando toda la noche.

02 Corta la parte de arriba de los tomates y ahueca con una cuchara, sacando todo su contenido con cuidado de no romper abajo. Déjalos boca abajo sobre papel de cocina.

03 Desmigaja el tofu con las manos, ponlo en un bol y añade las aceitunas, la cúrcuma, la veganesa y el perejil. Mezcla bien y añade los bocados macerados de la noche anterior. Prueba y añade la sal que quieras.

04 Rellena tomate por tomate hasta que quede un poco sobresaliendo, y sirve decorado con vinagre balsámico y unas hojas enteras de perejil.

[CONSEJO]

✓ Si no tienes Heüra puedes hacerlo con 170 gramos de soja texturizada fina. El proceso sería dejar en remojo la soja según las instrucciones del paquete y una vez hidratada seguir los mismos pasos del macerado del punto 1.

TORTILLAS
DE PATATAS

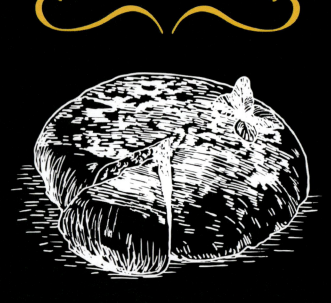

En este apartado encontrarás una de las recetas que más hemos estudiado, investigado y transformado. Hacer una tortilla de patatas puede parecer fácil, pero que quede cremosa, bien hecha y sin huevo, para muchos es una tarea casi imposible.

Nosotros utilizamos harina de garbanzos para preparar la tortilla. Personalmente la odio —y mucho—; su sabor me resulta de lo más desagradable y el truco del vinagre de manzana nunca me ha convencido. Además, al hacer cuatro tortillas los sábados, de más de dos kilos cada una, había que cocerlas tanto que se quedaban secas, y como lo que más odiaba era el sabor crudo de la harina de garbanzos, hacerlas poco no era una solución. Tostarla no era el mejor plan y alargaba ya los tiempos de nuestra tortilla, que lleva más de tres horas de elaboración. Hasta que un día se me ocurrió un simple detalle que nos haría llegar a nuestra tortilla de hoy...

EN ESTA SECCIÓN DESCUBRIRÁS CÓMO COCINAR

TORTILLAS...

DE PATATAS

Esta es una señora tortilla, bastante grande, puedes hacer la mitad de los ingredientes o hacer dos tortillas 43

DE ESPINACAS

Una de mis tortillas favoritas, el proceso es casi igual que la tradicional 45

DE CHORIZO

Si echabas de menos un plato como este, querrás llorar de la emoción. Su sabor te dejará sin palabras 47

AL LEER LAS RECETAS, Y LA EXPLICACIÓN DE CÓMO HACER LA TORTILLA, APRENDERÁS A PREPARAR UNA TORTILLA VEGANA PERFECTA

Y LO MEJOR DE TODO: PARA HACER ESTAS TORTILLAS NO HACE FALTA EXPLOTAR A NINGUNA GALLINA

[TORTILLA DE PATATAS CONFITADAS]

RACIONES 6-8 personas | TIEMPO 4 horas | DIFICULTAD

INGREDIENTES

- 1,2 kg de patatas
- 200 g de calabacín
- 200 g de cebolla
- 1200 ml de aceite de oliva virgen extra
- 600 ml de caldo de verduras
- 245 g de harina de garbanzo
- 5 g de cúrcuma
- 1 cdta. de sal negra del Himalaya (*kala namak*)
- Sal

PREPARACIÓN

01 Pon en una olla grande el aceite de oliva virgen extra y calienta a fuego medio. A los 15 minutos prueba con un trozo de patata a ver si empieza a burbujear.

02 Mientras, pela las patatas y córtalas en rodajas finas de unos 3 mm. Lávalas bien. Pela y ralla el calabacín. Pela y corta la cebolla en rodajas muy finas.

03 Pon todo en la olla con el aceite caliente, baja el fuego y déjalo unas 2 horas y media. Remueve de vez en cuando con una espumadera para que no se pegue la patata abajo.

04 Cuando las patatas estén listas, retira con una espumadera y pásalo todo a un bol. Reserva.

05 Aquí empieza nuestro secreto, que compartiremos contigo. Pon el caldo de verduras en una olla y lleva a ebullición. En un bol grande mezcla la harina de garbanzo, la cúrcuma, sal al gusto y la sal negra del Himalaya. Echa poco a poco el caldo caliente mientras bates con una batidora de varillas. Si ves que queda muy espeso, añade agua, aunque esté fría, ya que la harina ya la hemos cocinado.

06 Añade la mezcla de las patatas, calabacín y cebolla, y remueve.

07 En un sartén grande y con buen fondo pon un poco del aceite de las patatas a fuego medio y echa la mezcla. Mueve la sartén con movimientos circulares para que no se pegue. Y aquí ya depende de los gustos personales, ya que la tortilla te puede gustar más o menos hecha. La ventaja de haber cocido la harina de garbanzo es que la puedes dejar poco hecha y va a estar riquísima. Nosotros normalmente la dejamos unos 15 minutos por cada lado.

[TORTILLA DE PATATAS CON ESPINACAS]

RACIONES 6-8 personas | **TIEMPO** 4 horas | **DIFICULTAD**

INGREDIENTES

- 1,2 kg de patatas
- 200 g de calabacín
- 200 g de espinacas frescas
- 1200 ml de aceite de oliva virgen extra
- 500 ml de caldo de verduras
- 245 g de harina de garbanzo
- 5 gramos de cúrcuma
- 1 cdta. de sal negra del Himalaya (*kala namak*)
- Sal

PREPARACIÓN

01 Pon en una olla grande el aceite de oliva virgen extra y calienta a fuego medio. A los 15 minutos prueba con un trozo de patata a ver si empieza a burbujear.

02 Mientras, pela las patatas y córtalas en rodajas finas de unos 3 mm. Lávalas bien. Pela y ralla el calabacín.

03 Pon todo en la olla con el aceite caliente, baja el fuego y déjalo unas 2 horas y media. Remueve de vez en cuando con una espumadera para que no se pegue la patata abajo.

04 Cuando las patatas estén listas, retira con una espumadera y pásalo todo a un bol. Reserva.

05 Pon una olla con abundante agua y sal y lleva a ebullición. Pon las espinacas dentro, las mueves un poco y las retiras. Reserva.

06 Pon el caldo de verduras en una olla y lleva a ebullición. En un bol grande mezcla la harina de garbanzo, la cúrcuma, sal al gusto y la sal negra del Himalaya. Echa poco a poco el caldo caliente mientras bates con una batidora de varillas. Si ves que queda muy espeso, añade agua, aunque esté fría, ya que la harina ya la hemos cocinado.

07 Añade la mezcla de las patatas y calabacín, las espinacas, y remueve.

08 En un sartén grande y con buen fondo pon un poco del aceite de las patatas a fuego medio y echa la mezcla. Mueve la sartén con movimientos circulares para que no se pegue. Y aquí ya depende de los gustos personales, ya que la tortilla te puede gustar más o menos hecha. La ventaja de haber cocido la harina de garbanzo es que la puedes dejar poco hecha y va a estar riquísima. Nosotros normalmente la dejamos unos 15 minutos por cada lado.

[TORTILLA DE PATATAS CON CHORIZO]

RACIONES 6-8 personas | **TIEMPO** 4 horas | **DIFICULTAD**

INGREDIENTES

- 1,2 kg de patatas
- 200 g de calabacín
- 200 g de chorizo vegetal
- 1200 ml de aceite de oliva virgen extra
- 600 ml de caldo de verduras
- 245 g de harina de garbanzo
- 2 cdas. de pimentón choricero
- 5 g de cúrcuma
- 1 cdta. de sal negra del Himalaya (*kala namak*)
- Sal

PREPARACIÓN

01 Pon en una olla grande el aceite de oliva virgen extra y calienta a fuego medio. A los 15 minutos prueba con un trozo de patata a ver si empieza a burbujear.

02 Mientras, pela las patatas y córtalas en rodajas finas de unos 3 mm. Lávalas bien. Pela y ralla el calabacín.

03 Pon todo en la olla con el aceite caliente, baja el fuego y déjalo unas 2 horas y media. Remueve de vez en cuando con una espumadera para que no se pegue la patata abajo.

04 Cuando las patatas estén listas, retira con una espumadera y pásalo todo a un bol. Reserva.

05 Pica en cuadraditos el chorizo y sofríe en aceite muy caliente 5 minutos. Reserva.

06 Pon el caldo de verduras en una olla y lleva a ebullición. En un bol grande mezcla la harina de garbanzo, la cúrcuma, el pimentón choricero, sal al gusto y la sal negra del Himalaya. Echa poco a poco el caldo caliente mientras bates con una batidora de varillas. Si ves que queda muy espeso, añade agua, aunque esté fría, ya que la harina ya la hemos cocinado.

07 Añade la mezcla de las patatas, el chorizo y remueve.

08 En un sartén grande y con buen fondo pon un poco del aceite de las patatas a fuego medio y echa la mezcla. Mueve la sartén con movimientos circulares para que no se pegue. Y aquí ya depende de los gustos personales, ya que la tortilla te puede gustar más o menos hecha. La ventaja de haber cocido la harina de garbanzo es que la puedes dejar poco hecha y va a estar riquísima. Nosotros normalmente la dejamos unos 15 minutos por cada lado.

SALSAS
VEGANESA, MOSTAZA...

UNA BUENA SALSA PUEDE JUGAR UN PAPEL MUY IMPORTANTE EN LA PRESENTACIÓN Y SABOR DE UN PLATO.

EN ESTE APARTADO DESCUBRIRÁS SALSAS CON LAS QUE VAS A TRIUNFAR Y ROMPERLES LOS ESQUEMAS A QUIENES PIENSAN QUE UNA ALIMENTACIÓN VEGETAL CARECE DE SABOR

SALSAS

Veganesa
Veganesa de pimientos
Veganesa de aguacate
Mostaza al agave
Tártara
Ali oli con jengibre
Kétchup sin azúcar
Tzatziki
Cabrales
De tomate aromática
Chutney de mango

Es muy importante elegir buenos ingredientes para que los resultados sean buenos y sabrosos.

ACEITES

Dependiendo de la salsa te recomiendo usar aceite de oliva extra virgen, aceite de oliva suave o aceite de girasol. Los que son ecológicos, aunque su precio es más alto, tienen mayor aporte nutricional, pero no siempre podemos permitirnos algunos precios. Dicho esto, siempre le digo a la gente que no se agobie y no haga de su lista de la compra un calvario de sacar cuentas y al final se rinda y tire de productos ya preparados para ahorrar.

Importante

Hay que aclarar que no es recomendable comer salsas a diario, ni veganas ni tradicionales, por eso no debemos preocuparnos si un día tomamos una veganesa a base de aceite girasol (ecológico o no), pero en ningún caso es recomendable tomarla todos los días.

INCREDIBLY DELICIOUS FOOD

ENCUENTRA LA SALSA IDEAL PARA ACOMPAÑAR CADA PLATO

[SALSA VEGANESA]

Es una clásica en las hamburguesas veganas, y cada sitio tiene su manera de hacerla y darle su toque. Su sabor es prácticamente idéntico al de la mayonesa tradicional.

TIEMPO 10 minutos | **DIFICULTAD**

INGREDIENTES

- 100 ml de leche de soja sin azúcar ni edulcorantes
- 200 ml de aceite de girasol
- 100 ml de aceite de oliva suave
- 1 cdta. de sal
- 1/2 lima
- 1 pizca de sal negra del Himalaya (*kala namak*)

PREPARACIÓN

01 Mezcla los aceites, la leche de soja y la sal en un vaso de batidora y con la batidora de mano, comenzando desde abajo y sin moverla, empieza a batir con la mínima velocidad. Verás que comienza a subir en espiral una mezcla homogénea y más densa: ahí puedes empezar a subir la batidora un poco, siempre a la misma velocidad. Cuando coja consistencia, agrega el zumo de la lima y sal negra del Himalaya. Si la mezcla final queda demasiado densa y da la sensación de cortada, puedes poner un poco de leche y batir. En el caso de que no coja cuerpo y sea solo líquido, es muy difícil arreglarla, y lo mejor sería hacer otra y reincorporar la mezcla que no resultó despacio.

[CONSEJOS]

√ Puedes hacerla con aceite de oliva virgen extra, pero el sabor resulta bastante fuerte y amargo, algo no agradable a todos los paladares. No corras, pues es más probable que no cuaje y arreglarla, como ya hemos dicho, es una tarea tediosa.

√ En Distrito Vegano esta es una salsa que se hace a diario, pero en casa solo la hacemos para días especiales con amigos. Puede durar hasta un máximo de 5 días, bien cerrada y en la nevera. Puedes notar que se seca un poco, pero se soluciona poniendo un poco de leche y batiendo.

[SALSA VEGANESA DE PIMIENTOS]

La clásica en las hamburguesas veganas pero con un toque de pimientos asados. Es ideal hasta para usar como *dip*.

TIEMPO 10 minutos | **DIFICULTAD**

INGREDIENTES

- 80 ml de leche de soja sin azúcar ni edulcorantes
- 200 ml de aceite de girasol
- 100 ml de aceite de oliva suave
- 1 cdta. de sal
- 1/2 lima
- 1 pizca de sal negra del Himalaya (*kala namak*)
- 180 g de pimientos asados

PREPARACIÓN

01 Haz la misma mezcla que con la veganesa tradicional (pág. 51), pero con las cantidades que están indicadas en los ingredientes de esta página. La mezcla quedará mas consistente, algo que es necesario porque los pimientos asados soltarán agua al añadirlos a la veganesa y por eso necesitamos una salsa con cuerpo.

02 En un bol aparte pon un poco de vegansea y los pimientos. Tritura y mezcla luego con el resto de salsa.

[CONSEJO]

✓ La sal *kala namak* tiene un color rosa, aunque al ser extraída con cristales negros en el proceso de molido coge el color que veremos al comprarla. No es un ingrediente que haga falta sí o sí en la receta, pero si la pones, tanto en esta veganesa como en la tradicional que hemos visto en la página anterior, siempre en muy pocas cantidades, su aroma y sabor nos recordará al huevo (por su contenido no tóxico en azufre) y se parecerá más a la salsa tradicional.

[SALSA VEGANESA DE AGUACATE]

Una veganesa fresca y original, el aguacate le da además tanta cremosidad que dan ganas de comérsela a cucharadas.

TIEMPO 10 minutos | **DIFICULTAD**

INGREDIENTES

- 100 ml de leche de soja sin azúcar ni edulcorantes
- 200 ml de aceite de girasol
- 100 ml de aceite de oliva suave
- 200 g de aguacates
- 1 cdta. de sal
- 1/2 lima
- 1 pizca de sal negra del Himalaya (*kala namak*)
- Cilantro fresco

PREPARACIÓN

01 Haz la misma mezcla que con la veganesa tradicional (pág. 51).

02 En un bol aparte pon un poco de vegansea y el aguacate, y tritura.

03 Mezcla luego con el resto de salsa y añade cilantro fresco picado.

[CONSEJO]

✓ Esta es una salsa ideal para hacer bocadillos y sándwiches. También si tenemos poco aguacate en casa le sacaremos más provecho, y al ir con la veganesa sacaremos más cantidad que si hacemos un guacamole.

Fresh everyday

[MOSTAZA AL AGAVE]

La mostaza a la miel es un clásico de contrastes. El sabor intenso de la mostaza mezclado con el dulzor puede dar un toque espectacular a los platos con una receta muy sencilla. En este caso, sustituimos el dulzor de la miel por el del agave, para veganizar la receta.

TIEMPO 10 minutos | **DIFICULTAD**

INGREDIENTES

- 100 ml de leche de soja sin azúcar ni edulcorantes
- 200 ml de aceite de girasol
- 100 ml de aceite de oliva suave
- 2 cdas. de sirope de agave
- 1 cda. de mostaza de Dijon
- 1 cdta. de cúrcuma
- 1 cdta. de sal

PREPARACIÓN

01 La elaboración es muy similar a la de la veganesa: pon todos los ingredientes en el vaso de la batidora de mano y bate sin mover del fondo.

02 Cuando veas que sube en espiral hacia arriba una mezcla más densa y homogénea, sube poco a poco. Hay que tener en cuenta que esta salsa no quedará tan espesa como la veganesa tradicional.

[CONSEJOS]

✓ Haz la salsa más líquida, con aceite de oliva suave o virgen extra, y será perfecta para ensaladas.

✓ La mostaza de Dijon en semillas tiene un sabor muy fuerte, por lo que te recomiendo ir haciendo pruebas para dejarla a tu gusto.

[SALSA TÁRTARA]

Una salsa de origen francés perfecta para acompañar casi todo lo que se te ocurra. En Distrito Vegano la creamos para acompañar los nachos, que son desde que abrimos un plato estrella para compartir.

TIEMPO 10 minutos | DIFICULTAD

INGREDIENTES

- 100 ml de leche de soja sin azúcar ni edulcorantes
- 200 ml de aceite de girasol
- 100 ml de aceite aceite de oliva suave
- 1 pizca de sal negra del Himalaya (*kala namak*)
- 100 g de picadillo variado
- 1 cda. de alcaparras

PREPARACIÓN

01 Tritura las alcaparras y el picadillo variado (encurtidos de verduras picadas muy finas, que puedes encontrar en el supermercado) con la túrmix, y reserva.

02 Haz una mezcla como si hicieras una salsa veganesa tradicional con el resto de ingredientes (pág. 51) y agrega la mezcla anterior, removiendo con la ayuda de una cuchara.

[CONSEJOS]

√ Dependiendo del espesor que le des, puede ser una salsa, si la haces más ligera, o un *dip*, si la haces más espesa.

√ Las alcaparras y los encurtidos suelen llevar un alto contenido en sal, por eso no la pongo en la lista de ingredientes (solo una pizca de sal negra por su característico sabor).

[ALI OLI CON JENGIBRE]

Muchas veces parece un gran drama reinventar las recetas tradicionales, cosa que en mi opinión no solo no debería ser ofensivo, sino incluso necesario. El alioli tradicional es muy distinto al que hoy en día conocemos, así que esta nueva versión 100% vegetal (como la tradicional) tiene un toque exótico al utilizar jengibre fresco.

TIEMPO 10 minutos | **DIFICULTAD**

INGREDIENTES

- 100 ml de leche de soja sin azúcar ni edulcorantes
- 200 ml de aceite de girasol
- 100 ml de aceite de oliva suave
- 1 cdta. de sal
- 15 g de jengibre
- 5 g de ajos sin el germen
- 50 g de perejil fresco

PREPARACIÓN

01 Volvemos a utilizar una base similar a la veganesa (pág. 51), pero esta vez al poner los ingredientes en el vaso empieza poniendo el jengibre, previamente rallado y los ajos pelados y sin germen para que no amarguen. Bate hasta que la salsa emulsione.

02 Pica el perejil previamente lavado y secado y agrégalo a la salsa removiendo un poco con una cuchara.

[CONSEJOS]

✓ Si quieres hacer un alioli tradicional, quita el jengibre y agrega de 5 a 10 gramos más de ajo, según te guste menos o más fuerte.

✓ Puedes cambiar el perejil por hierbabuena y darle un toque muy fresco a la salsa, o por albahaca y darle un toque aromático que hará que la salsa vuele.

✓ Si la guardas varios días, te recomiendo que solo pongas las hojas frescas a la salsa que vayas a usar en el día.

[SALSA DE KÉTCHUP SIN AZÚCAR]

Para hacer esta salsa es muy importante tener en cuenta la maduración del tomate, ya que de una buena reducción dependerá el color que salga. Puede que quede más anaranjada que roja, pero no te preocupes, es una salsa natural, sin colorantes y riquísima.

TIEMPO 1 hora | **DIFICULTAD**

INGREDIENTES

- 1 kg de tomates muy maduros
- 150 g de dátiles sin hueso
- 50 ml de aceite de oliva virgen extra
- 35 ml de vinagre de manzana
- 2 clavos de olor
- 1 cdta. de canela
- 1 cdta. de sal

PREPARACIÓN

01 Deja los dátiles 30 minutos en agua caliente para que queden más tiernos.

03 Pela los tomates, quítales el centro, pícalos y reserva.

04 Pon en una olla mediana el aceite de oliva a temperatura media. Seca los dátiles, deshuésalos y pícalos lo más pequeños que puedas. Échalos al aceite caliente, remueve un poco, pon los clavos, la canela, la sal, y echa el tomate y el vinagre. Sube la temperatura al máximo sin dejar de remover y cuando rompa el hervor bájala otra vez a fuego medio y deja reducir unos 30 minutos.

05 Tritura con la batidora de pie, usando el accesorio de estrella, y pasa el resultado por un colador chino, con un bol debajo para recoger la salsa. Es muy importante dejar lo menos posible en el chino, de lo contrario la salsa nos quedará muy líquida.

[CONSEJO]

✓ Cuando compres dátiles asegúrate de que no lleven glucosa; es algo muy común y debemos evitarlo. Si no encuentras, puedes usar arándanos deshidratados o hasta pasas. Recuerda, mis recetas las tienes para cambiar y experimentar lo que quieras.

[SALSA TZATZIKI]

Cuando llega el verano y el calor apetecen ensaladas fresquitas con algo más que aceite y vinagre. Personalmente no soy muy fan del vinagre y prefiero las limas, pero apetece algo más, y aquí es cuando planeando la carta de primavera/verano de 2018 salió esta versión vegana de esta típica salsa (o *dip*) griega.

TIEMPO 10 minutos | **DIFICULTAD**

INGREDIENTES

- 1 pepino pequeño
- 1 diente de ajo
- El zumo de 1 lima
- 25 ml de aceite de oliva virgen extra
- 1 cdta. de sal
- 250 ml de yogur de soja natural sin edulcorar
- 2 hojas de menta fresca

PREPARACIÓN

01 Pela el pepino y córtalo en rodajas, pónlo en el vaso de la picadora con el ajo, la sal, el zumo de la lima y el aceite, y tritura.

02 Cuando tengas una mezcla homogénea agrega el yogur y ponle la menta picada. Esta es una salsa rica, sana y nutritiva.

[CONSEJO]

✓ Cuando vayas a mezclar el yogur con el resto de ingredientes, hazlo con una cuchara para que quede una salsa consistente.

[SALSA CABRALES]

Solo de escribir esta receta me dan ganas de ponerme a cocinarla. Para esta salsa compro un queso vegetal estilo azul. He de aclarar que este tipo de productos no son recomendables para el día a día, debido a su alto contenido graso, al ser en gran parte aceite de coco. En este tema hay mucha controversia, ya que muchas personas relacionan una alimentación vegana o vegetariana con algo solo 100% saludable, algo que no tiene por qué ser así. De todos modos, como dije al principio, hay salsas veganas o no veganas que no deberían comerse a diario, sino reservarse para ocasiones puntuales, como es esta.

TIEMPO 1 hora | **DIFICULTAD**

INGREDIENTES

- 500 ml de leche de soja sin edulcorar
- 200 g de queso vegetal estilo azul
- 150 g de cebolla
- 50 ml de aceite de oliva virgen extra
- 1 cda. de maicena
- 1 cdta. de pimienta
- 1 cdta. de levadura nutricional
- 1 cdta. de hierba de trigo
- 1 cdta. de sal

PREPARACIÓN

01 Pela y pica fina la cebolla y póchala con el aceite en una sartén a fuego medio 10 min., para que quede hecha pero sin dorarse. Tritura hasta que no queden trozos y reserva.

02 En un vaso con 100 ml de leche mezcla la maicena hasta disolverla del todo, y reserva.

03 Ralla el queso vegetal para que al agregarlo a la mezcla se disuelva más rápido.

04 En una olla grande mezcla la cebolla con la pimienta, la sal, la levadura, la hierba de trigo y la leche. Pon a fuego medio y remueve, agrega la leche con la maicena, sube el fuego sin dejar de remover y añade el queso. Cuando veas que suelta burbujas y empieza a espesar, retíralo.

[CONSEJO]

✓ Si no encuentras levadura nutricional, puedes sustituirla por levadura de cerveza desamargada. Cuanto más dejes reducir la salsa, más consistente quedará. Recuerda que en frío se pondrá más densa. Y si la vas a guardar en un túper, pon un film muy pegado a la salsa para que no se haga costra.

[SALSA DE TOMATE AROMÁTICA]

Aquí os voy a dar una receta de salsa de tomate básica para que podáis hacer lasañas, boloñesas o una salsa base para una pizza. Es muy sencilla y según los gustos los ingredientes se pueden modificar sin ningún problema.

TIEMPO 30 minutos | **DIFICULTAD**

INGREDIENTES

- 1 kg de tomates maduros
- 200 g de cebolla
- 200 g de zanahorias
- 100 ml de aceite de oliva virgen extra
- 100 ml de vino tinto
- 150 ml de caldo de verduras
- 4 o 5 hojas grandes de albahaca
- 2 cdtas. de sal
- 1 cdta. de pimienta
- 1 cda. de azúcar moreno

PREPARACIÓN

01 Pela y ralla la zanahoria. Pela y pica fina la cebolla.

02 Pon en un sartén el aceite a fuego suave y pocha la cebolla; es muy importante que el aceite no esté muy caliente para que no se queme. Cuando veas que ya empieza a transparentar, agrega la zanahoria rallada, la sal y la pimienta. Mueve de vez en cuando durante 5 minutos.

03 Quítales el centro a los tomates y pícalos. Añádelos a la olla, remueve un poco y añade el vino, el azúcar y la albahaca en hojas enteras.

04 Deja a fuego medio durante 8 minutos, luego agrega el caldo de verduras y deja 7 minutos más.

05 Una vez esté lista la puedes pasar por un colador chino o simplemente triturarla con una batidora de mano.

[CONSEJO]

✓ Esta es una receta para interpretarla como te apetezca. Ponle curry o *garam masala*, y haz una salsa estilo de la India. Varía las especias como prefieras según lo que quieras hacer. Experimenta y siéntete libre de reinterpretar mis recetas. Pon un film muy pegado a la salsa para que no se haga costra.

[CHUTNEY DE MANGO Y ALBAHACA]

Aquí tenéis una salsa maravillosa para los amantes de lo agridulce. Después de investigar distintos *chutneys*, una mañana me sentí especialmente creativo y surgió esta mezcla que ha encantado a quienes la han probado, hasta a los más escépticos.

TIEMPO 1 hora | **DIFICULTAD**

INGREDIENTES

- 500 g de mango picado en cubitos
- 300 g de tomate triturado
- 300 g de cebolla
- 15 g de ajos sin el germen
- 50 g de jengibre fresco
- 400 ml de leche de coco
- 100 g de azúcar moreno
- 20 g de albahaca
- 200 ml de aceite de oliva
- 1 cda. de garam masala
- 1 cda. de sal

PREPARACIÓN

01 Pica la cebolla fina en tiras y ponla en una olla con el aceite de oliva a fuego medio.

02 Cuando empiece a transparentar agrega los ajos picados en láminas y el jengibre rallado. Sigue removiendo unos 5 minutos y agrega el tomate triturado, la leche de coco, el azúcar moreno, el *garam masala* y la sal.

03 Deja reducir 20 minutos a fuego bajo, removiendo de vez en cuando para que no se pegue.

04 Retira del fuego, agrega la albahaca y con la batidora de mano tritura toda la mezcla.

05 Vuelve a poner al fuego, agrega los mangos picados en cubitos y deja otros 20 minutos a fuego lento.

[CONSEJOS]

✓ No a todo el mundo le gusta encontrarse trozos de lo que sea en las salsas; si es el caso puedes triturar una vez has agregado el mango.

✓ Esta es una salsa para tomar en frío, perfecta para darle un toque exótico a una hamburguesa o al plato que quieras.

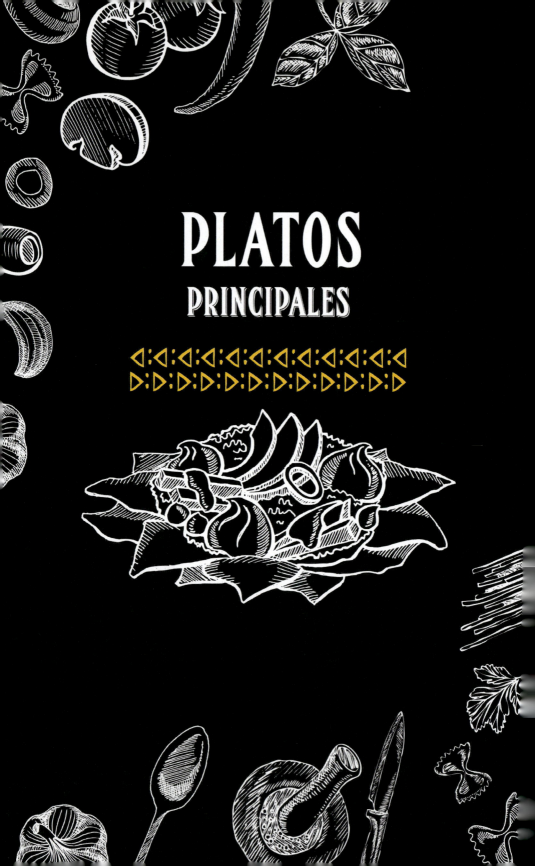

En este apartado encontrarás una selección de platos que hemos hecho para los menús en el restaurante.

Siempre hemos aprovechado el tirón de un precio atractivo en una oferta del día para reinventar platos tradicionales y dejar a la gente con una grata sorpresa y un muy buen sabor de boca.

¿VAMOS A POR EL PLATO FUERTE?

MENU
HEALTHY & DELICIOUS

LASAÑA
DE BERENJENAS Y CALABACÍN
.....75.....

ZAPALLITOS
ITALIANOS AL HORNO
.....77.....

PASTEL
DE PAPAS
.....79.....

RISOTTO
DE REMOLACHA Y SHIITAKES
.....81.....

LOS GNOCCHI
DE LA NONNA AL PESTO
.....83.....

LACÓN
A LA GALLEGA
.....85.....

COCIDO
MADRILEÑO
.....89.....

PLATO ESPECIAL

CARRILLADA VEGANA
RECETA EXCLUSIVA
.....87.....

ESTA FUE LA TAPA GANADORA DE
TAPAPIÉS 2017

Disfruta de esta delicia y demuestra que el sabor en un plato no es excusa.

[LASAÑA DE BERENJENAS Y CALABACÍN]

Nos criamos entre ñoquis, pasta y lasañas. ¿Por qué no hacer todo esto vegano e igual de rico? Esta lasaña ha sido uno de los platos que más hemos preparado desde que abrimos, y siempre vuela.

RACIONES 4-6 personas | **TIEMPO** 1 hora | **DIFICULTAD**

INGREDIENTES

- 1 paquete de lasaña precocida de 250 g aprox.
- 700 g de berenjenas
- 700 g de calabacín
- 300 g de cebolla
- 200 ml de crema de soja
- 150 ml de vino blanco
- 400 ml de tomate triturado
- 500 ml de bechamel
- 150 ml de aceite de oliva virgen extra
- Pimienta
- Comino
- Orégano
- Sal

PREPARACIÓN

01 Pela y corta en cuadraditos las berenjenas y ponlas en una olla grande con el aceite. Corta los calabacines y la cebolla como las berenjenas y añádelos a la olla, echa especias y sal al gusto. Cuando empiece a dorarse incorpora la crema de soja, mezcla bien y añade el vino. Deja a fuego medio 20 minutos, hasta que las verduras estén tiernas. Añade el tomate triturado y deja otros 10 minutos, removiendo para que no se peguen las verduras.

02 Precalienta el horno a 200º. En una fuente untada con aceite pon placas de lasaña tapando toda la superficie, reparte de forma uniforme un poco de la mezcla de la olla, pon otra capa de placas y una capa de bechamel, y repite hasta llenar la fuente, acabando con bechamel. Hornea 25 minutos. Para saber si está lista, clava un cuchillo en el centro y deberá entrar con mucha facilidad.

[CONSEJO]

✓ En lugar de tomate triturado puedes utilizar salsa de tomate aromática (pág. 69). Si quieres hacer una boloñesa, en vez de las verduras pon 300 g de soja texturizada fina en remojo, cambiando parte del agua por salsa de soja; sofríe cebolla, agrega la soja texturizada ya hidratada, saltea un poco y pon la salsa o el tomate triturado junto con las especias a fuego medio 20 minutos. Puedes ponerle queso rallado vegetal antes de meterla en el horno.

[ZAPALLITOS ITALIANOS AL HORNO]

Esta es una versión de un plato típico de Chile, normalmente hecho con carne. Nosotros lo hacemos relleno de quinoa roja y revuelto de tofu. Es una delicia que tienes que probar.

RACIONES 4-6 personas | **TIEMPO** 40 minutos | **DIFICULTAD**

INGREDIENTES

- 4 calabacines medianos
- 150 g de quinoa roja
- 200 g de cebolla morada
- 1 diente de ajo
- 100 g de tofu sedoso
- 40 g de harina de garbanzo
- 60 g de agua
- 50 g de anacardos crudos
- 20 g de levadura nutricional
- 2 cdas. de cúrcuma
- 1 cda. de orégano
- Pimienta
- Sal
- Aceite de oliva virgen extra

PREPARACIÓN

01 En una olla grande, pon los calabacines enteros con abundante agua a fuego alto, y cuando empiece a hervir cuécelos 15 minutos y apaga el fuego. Retíralos del agua y déjalos enfriar.

02 Cuece la quinoa en abundante agua. Cuando llegue a ebullición, mantén 15 minutos y apaga.

03 Corta la cebolla en cuadraditos y ponla con aceite a fuego medio junto con el ajo pelado y picado. Rehoga hasta que la cebolla transparente.

04 Desmigaja el tofu y añade la sal y las especias, mezcla bien y añade a la cebolla que está al fuego.

05 Abre los calabacines por la mitad a lo largo, ahuécalos con cuidado de no romperlos por abajo y añade lo que quites a la mezcla de tofu y cebolla. Retira del fuego y en un bol añade la quinoa.

06 Mezcla la harina de garbanzo con el agua y una pizca de cúrcuma, y bate bien.

07 Tritura los anacardos con la levadura nutricional y un poco de sal.

08 Precalienta el horno a 180º. Pon en una fuente de horno los calabacines, y rellena con la mezcla de tofu. Con un pincel dale una capa de la mezcla de harina de garbanzo y espolvorea el «parmesano» de anacardos. Hornea durante 20 minutos.

[PASTEL DE PAPAS]

Un plato que podemos encontrar en la comida típica de muchos países. Nosotros lo hemos adaptado como se hace en Chile. Esta receta me transporta directamente a mi infancia, de modo que espero que os guste.

RACIONES 4-6 personas | **TIEMPO** 45 minutos | **DIFICULTAD**

INGREDIENTES

- 1 kg de patatas
- 200 g de soja texturizada
- 300 g de cebolla
- 200 g de zanahoria rallada
- 200 g de maíz cocido
- 100 g de pasas sultana
- 100 g de margarina
- 50 ml de vino tinto
- 100 ml de salsa de soja
- 100 ml de aceite de oliva virgen extra
- 2 hojas de laurel
- 1 pizca de cúrcuma
- Perejil
- Pimienta
- Pimentón ahumado
- Sal

PREPARACIÓN

01 Pela las patatas y córtalas en cuartos. Ponlas en una olla con abundante agua, sal y el laurel, a fuego alto hasta que rompa el hervor. Baja el fuego a medio y después de 15 minutos prueba si con un cuchillo puedes atravesar la patata con facilidad. Cuela las patatas y en un bol ponlas con la margarina y sal, y tritura o muele hasta que quede un puré cremoso.

02 Pon en remojo la soja texturizada según instrucciones del envase. Corta la cebolla en cuadraditos pequeños y sofríe a fuego medio. Cuando veas que empieza a transparentar, pon la zanahoria, el maíz, la soja texturizada, las especias y las pasas. Cuando coja color la soja, echa el vino y la salsa de soja. Reduce para que se vaya el alcohol del vino y el sofrito coja color.

03 Precalienta el horno a 200º con el grill. En una fuente pon el preparado de soja de manera uniforme y reparte el puré por encima. Puedes dar con un pincel la misma mezcla que utilizamos para los zapallitos italianos de harina de garbanzo y agua (pág. 77). Hornea hasta que la parte de arriba quede dorada.

[CONSEJO]

✓ Puedes cambiar la soja texturizada por 1 kilo de champiñones laminados.

[RISOTTO DE REMOLACHA Y SHIITAKES]

Volvemos a nuestras raíces italianas con este risotto cremoso y diferente que espero te guste tanto como a los comensales que alguna vez lo han disfrutado.

RACIONES 4-6 personas | **TIEMPO** 40 minutos | **DIFICULTAD**

INGREDIENTES

- 350 g de arroz arborio
- 500 g de setas shiitake
- 200 g de remolacha cruda
- 2 dientes de ajo
- 1 l de caldo de verduras
- 150 ml de vino blanco
- 60 ml de aceite de oliva virgen extra
- 2 cdas. de levadura nutricional
- Pimienta
- Sal

PREPARACIÓN

01 Pela la remolacha y los ajos y pícalos en cuadraditos. Pon todo en una olla mediana con el aceite de oliva y saltéalo a fuego alto. Cuando vaya dorándose añade el arroz y sal al gusto. Baja a fuego medio y añade el vino blanco y la levadura nutricional, remueve un poco, añade un tercio del caldo hirviendo y cambia a fuego bajo. Cuando reduzca, echa otro tercio.

02 Saltea en una sartén las setas shiitake con un poco de pimienta. Procura que queden doradas pero poco hechas.

03 Echa las setas al arroz y pon un tercio más del caldo de verduras. Cuando veas que reduce, ponle lo que queda de caldo. El proceso dura de 20 a 25 minutos. Es muy importante ir removiendo.

[CONSEJOS]

✓ Es muy importante dedicarle a este plato paciencia para que quede muy cremoso. Los tiempos en el arroz nunca son muy exactos, ya que depende entre otras cosas de tus fogones, por eso recomiendo ir probando.

✓ Deja unas setas enteras aparte para saltearlas y decorar con ellas junto a un poco de perejil fresco.

[LOS GNOCCHI DE LA NONNA AL PESTO]

Para mi familia, los domingos de hace un par de décadas significaban días de hacer pasta fresca o ñoquis. La verdad es que por su lenta elaboración no lo hacemos tanto como quisiéramos en Distrito Vegano, pero merece la pena dedicar tiempo a hacer un plato tan rico.

RACIONES 4-6 personas | **TIEMPO** 1 hora | **DIFICULTAD**

INGREDIENTES

- 250 g de patatas
- 250 g de harina de fuerza
- 300 ml de aceite de oliva virgen extra
- 100 g de albahaca fresca
- 150 g de anacardos crudos
- 50 g de piñones
- 1 cda. de levadura nutricional
- 2 dientes de ajo
- 2 hojas de laurel
- Sal

PREPARACIÓN

01 Cuece las patatas enteras sin pelar en abundante agua con sal y el laurel. Cuando el agua llegue a ebullición, calcula unos 20 minutos, dependiendo del tamaño de la patata. Para saber que están listas, clava un cuchillo en una, y debe entrar con mucha facilidad. Déjalas enfriar, pélalas y muélelas hasta hacer un puré. Sala a tu gusto.

02 Mezcla el puré con la harina. Cuando sea una masa uniforme que no se pega en las manos, estará lista.

03 Enharina la encimera donde vas a trabajar y haz unos rulos largos con la masa de poco menos de un centímetro de diámetro. Ves cortando en trozos de entre 1,5 y 2 cms. Marca cada ñoqui suavemente con un tenedor.

04 En una olla pon agua con aceite a fuego alto y al romper a hervir ve echando los ñoquis, sin que se peguen entre sí. Cuando empiezan a flotar es que están listos.

05 Para el pesto tritura el aceite, la albahaca, los ajos sin el germen, los piñones, los anacardos, la levadura nutricional y sal al gusto hasta que sea una pasta homogénea.

[CONSEJO]

✓ Puedes hacerlos con calabaza cambiando parte de la patata, pero ten en cuenta que al soltar más agua deberás aumentar la cantidad de harina.

[LACÓN A LA GALLEGA]

A muchas personas parece molestarles que utilicemos nombres tradicionales a la hora de elaborar platos, algo que a veces nos cuesta entender, porque entonces no podríamos ni llamar tartas a nuestras tartas. Creemos necesario hacer esto, porque así la gente entiende el concepto de nuestra comida y se da cuenta de la gran variedad que tenemos en la alimentación a base plantas. Dicho esto, aquí mostramos nuestro lacón, tan fresco que será la tapa de Tapapiés 2018, coincidiendo con la publicación del libro.

RACIONES 4-6 personas | **TIEMPO** 40 minutos | **DIFICULTAD**

INGREDIENTES

- 500 g de bocados de Heüra
- 1 kg de patatas medianas
- Aceite de oliva virgen extra
- 1 cda. de pimentón ahumado
- Comino
- Pimienta
- Sal

PREPARACIÓN

01 En una fuente mezcla los bocados de Heüra con el pimentón, una pizca de comino, sal y pimienta al gusto y un chorrito de aceite, y deja macerar 10 minutos mientras precalientas el horno a 200º.

02 Pela las patatas y córtalas en rodajas finas, salpimenta al gusto y pon un chorrito de aceite en una fuente de horno.

03 Mete las patatas y los bocados al horno durante 20 minutos.

04 Presenta en un plato las patatas en rodajas, los bocados encima, aceite de oliva virgen extra y pimentón para decorar.

[CONSEJO]

√ Para este plato y el próximo lo mejor que hay es Heüra o carnes vegetales a base de gluten de trigo, como el seitán, que podría utilizarse como sustituto de los bocados de Heüra en los dos casos.

[CARRILLADA VEGANA]

Este plato ha marcado realmente un antes y un después en la vida de nuestro restaurante. Surgió casi de imprevisto. Preparando un día un menú, a una hora de abrir se nos cayó al suelo una olla enorme con toda la comida. Cogí otra olla y me puse a improvisar. Teníamos zanahoria cortada para una ensalada y guisantes para hacer una crema fría el día siguiente. El resultado fue tan exquisito que no dudé ni por un segundo de que ese plato iba a ser nuestra tapa para la feria de tapas Tapapiés 2017. El resultado: 600 kg de tapa y colas que daban la vuelta a la calle. Ganamos. Por primera vez, una tapa vegana ganaba entre tanta tradición de carne. Siempre será para nosotros uno de los mayores logros que hemos tenido, dar tanta visibilidad al veganismo.

RACIONES 4-6 personas | **TIEMPO** 45 minutos | **DIFICULTAD**

INGREDIENTES

- 600 g de bocados de Heüra sabor original
- 400 g de patatas pequeñas
- 600 g de zanahorias *baby*
- 600 g de guisantes
- 2 l de caldo de verduras
- 1 l de vino de Oporto
- 250 g de margarina
- 100 g de azúcar moreno
- 150 ml de aceite de oliva virgen extra
- 1 cda. de orégano
- 2 cdas. de sal
- Pimienta
- Tomillo
- Comino

PREPARACIÓN

01 Empieza haciendo la reducción de Oporto. Pon en una olla a fuego alto el vino con el azúcar, la margarina, 1 litro de caldo de verduras y las especias a tu gusto. Cuando rompa a hervir bájalo a fuego medio, removiendo para que no se pegue. Tiene que reducir a algo menos de la mitad. Reserva.

02 En una olla pon las zanahorias con el aceite de oliva, el orégano y algo de pimienta. Cuando empiecen a estar doradas, añade los guisantes y remueve. Echa 2 vasos de la reducción, mezcla bien y añade 1 litro de caldo. Déjalo a fuego medio durante 20 minutos.

03 Precalienta el horno a 180º y pon en una fuente el Heüra con un chorro de aceite de oliva y un vaso de la reducción, tapa con papel de aluminio y mete al horno 20 minutos. Pon en otra fuente las patatas con aceite de oliva, tápalas y déjalas el mismo tiempo que la carne vegetal. Comprueba que están tiernas clavando un cuchillo y que entre fácil.

04 Para presentar el plato, pon una cama de guisantes y zanahorias, las patatas, encima la carne vegetal y termina de decorar con lo que queda de salsa de Oporto. No es una carrillera clásica y su preparación tampoco, pero el resultado sorprenderá a todo el mundo.

[COCIDO MADRILEÑO]

Cada miércoles de octubre a abril el restaurante se llena con gente que espera comer nuestro ya tradicional cocido madrileño. Reinventar la cocina tradicional y que el resultado guste tanto es una satisfacción increíble. Con esto acabamos nuestros platos principales.

RACIONES 6-8 personas | **TIEMPO** 4 horas | **DIFICULTAD**

INGREDIENTES

- 500 g de garbanzos (remojados toda la noche en abundante agua con sal)
- 500 g de zanahorias
- 500 g de cebolla
- 250 g de pimientos rojos
- 250 g de pimientos verdes
- 500 g de puerros
- 500 g de patatas pequeñas
- 500 g de calabaza
- 1 repollo
- 2 dientes de ajo
- 400 g de chorizo vegetal
- 200 ml de aceite de oliva virgen extra
- 1 cda. de vinagre
- 1 cdta. de pimienta
- 1 cdta. de romero
- 1 cdta. de tomillo
- 1 cda. de pimentón choricero
- 1 cdta. de comino
- Sal

PREPARACIÓN

01 Pela las zanahorias y la cebolla. Pícalas en cuadraditos junto con los pimientos. Corta en rodajas el puerro y los ajos. Pela las patatas. Si no son muy pequeñas, pártelas en mitades o cuartos. Parte unos trozos de calabaza un poco más grandes que las patatas. Corta el repollo en tiras y déjalo en un bol en abundante agua y sal.

02 En una olla pon las verduras (menos el repollo, las patatas y la calabaza), y las especias, y sofríe en el aceite de oliva.

03 En una olla grande pon sal y los garbanzos, remojados toda la noche, y cubre bien de agua. Lleva a ebullición a fuego alto y después baja a fuego medio. El garbanzo que utilizamos nosotros tarda 3 horas aproximadamente en hacerse. Cuando lleva dos horas echamos las verduras que hemos sofreído, las patatas, la calabaza y el repollo.

04 Sofríe el chorizo vegetal y añádelo a los garbanzos cuando quede poco para que se hagan. Cuando los garbanzos están listos ya tienes el cocido.

[CONSEJO]

✓ Utiliza un buen garbanzo, si es gordo, mejor. Las legumbres tienen precios muy asequibles e invertir en ellas se nota. Este es un cocido sin gluten, pero le puedes poner 300 g de fideos para sopa cuando veas que los garbanzos ya están tiernos, unos 10 minutos antes de acabar.

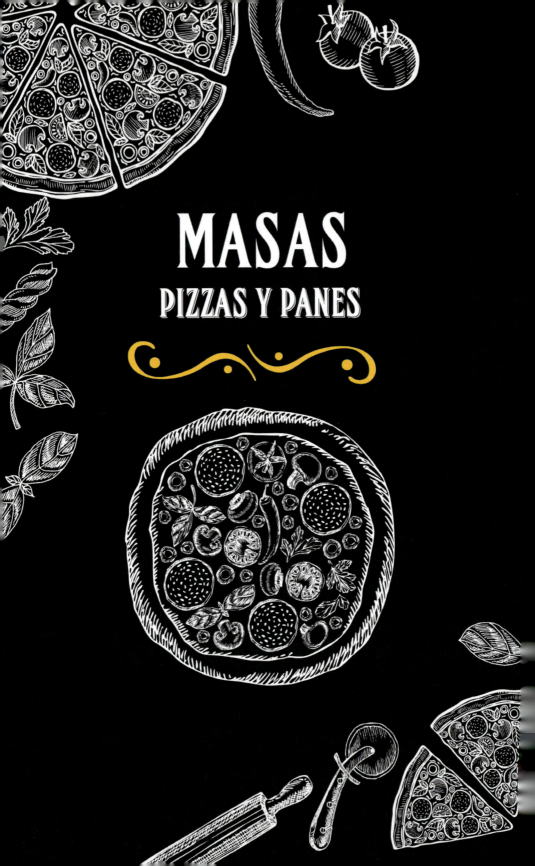

Aquí os mostraremos algunas masas que hemos hecho como parte de algún menú durante los dos años que llevamos abiertos. Solemos trabajar con harina blanca, pero se puede cambiar por otras harinas según los gustos personales.

NUESTRAS MASAS

MASA PARA PIZZA
FOCACCIA DE ACEITUNAS
PAN CHORICERO
PAN NAAN

CREATE YOUR OWN PIZZA

CHOOSE 5 TOPPINGS

Nuestra familia viene de Chile, un país que tiene una mezcla cultural muy grande por colonos y emigrantes que huyeron de las guerras de Europa de principios del siglo XX. En nuestra familia hay sangre española, italiana y alemana, y esta última se puede dividir incluso en más países como Austria.

ALGO MUY PRESENTE EN NUESTRA FAMILIA HAN SIDO SIEMPRE LOS PANES Y MASAS EN GENERAL, SIENDO UNO DE MIS ABUELOS PANADERO DURANTE GRAN PARTE DE SU VIDA

DESCUBRE NUESTRA DELICIOSA
PIZZA MEDITERRÁNEA

[MASA PARA PIZZA]

Se dice que la pizza se inventó en Nápoles, y hasta en Estados Unidos. Nosotros nos quedamos con la historia napolitana, de donde venía nuestro bisabuelo, un comerciante que recorrió medio mundo en barco y acabó enamorado de las costas de Chile, donde terminó echando raíces. Esta receta siempre ha estado en la familia, en la que es casi un crimen comprar una masa hecha.

RACIONES 4-6 personas | **TIEMPO** 1 hora 30 minutos | **DIFICULTAD**

INGREDIENTES

- 500 g de harina de fuerza
- 25 g de levadura fresca
- 200 ml de aceite de oliva virgen extra
- 250 ml de agua templada
- 1 cdta. de sal
- 1 cdta. de azúcar moreno

PREPARACIÓN

01 Coloca en un bol grande la harina, como si fuera un volcán con un agujero en el centro, donde vas a poner una taza o vaso con la mezcla de la levadura disuelta en el agua y el azúcar.

02 Espolvorea un poco de harina por encima de la taza y deja reposar 20 minutos. Verás que la levadura he empezado a hacer efecto y tiene una espuma por arriba; mezcla con la harina y agrega la sal y el aceite.

03 Cuando la masa esté bien mezclada, como para que puedas hacer una bola, tapa con papel film y un trapo y déjala reposar de 1 a 4 horas. Para estirar la masa, enharina la mesa, haz una bola y estira con los dedos de dentro hacia fuera, dándole forma circular.

[CONSEJOS]

✓ Para hacer masas en general y que suban y fermenten de manera correcta es muy importante que donde las hagas haya una temperatura cálida.

✓ Nosotros solemos jugar con las masas haciéndolas especiadas, agregando una cucharada de curry o de pimentón ahumado, por ejemplo. También la puedes hacer poniéndole orégano o la especia que más te guste.

[PIZZA MEDITERRÁNEA]

Aprovechando ingredientes que son fáciles de encontrar y con un especiado sencillo se puede conseguir una pizza deliciosa como esta.

RACIONES 4-6 personas | **TIEMPO** 45 minutos | **DIFICULTAD**

INGREDIENTES

- 1 masa para pizza (pág. 93) pero añadiéndole 2 cdas. de pimentón ahumado
- 350 g de tomate triturado
- 400 g de calabacín
- 2 cebollas
- 200 g de setas ostra
- Salsa de soja
- Orégano
- Aceite de oliva virgen extra
- Sal

PREPARACIÓN

01 Pincha toda la base de la pizza con un tenedor. Vierte encima el tomate y expándelo.

02 Corta el calabacín y la cebolla en láminas muy finas, y las setas en tiras.

03 Precalienta el horno a 200º.

04 Mientras, macera el calabacín, la cebolla y las setas con un poco de salsa de soja, sal, aceite de oliva y un poco de orégano.

05 Distribuye los ingredientes macerados sobre la masa de la pizza y hornea durante 25 minutos.

[CONSEJO]

✓ Más que un cosejo es algo totalmente necesario: la masa de la pizza debe haber reposado, y solo cuando haya fermentado hay que estirarla y darle forma.

[FOCACCIA DE ACEITUNAS]

Si en algo ha sido nuestra madre una gran experta es en hacer *focaccias*. Es más, pocas veces las masas le han salido finas, ya que siempre ha sido más de hacer esta masa que está entre el pan y la pizza. Comenzamos con un proceso igual al de la pizza, aunque algunos ingredientes varíen en cantidades.

RACIONES 4-6 personas | **TIEMPO** 1 hora 30 minutos | **DIFICULTAD**

INGREDIENTES

- 500 g de harina de fuerza
- 25 g de levadura fresca
- 250 ml de agua templada
- 1 cdta. de azúcar moreno
- 1 cdta. de sal
- 250 ml de aceite de oliva virgen extra
- 500 g de cebolla
- 150 g de aceitunas negras
- 1 cda. de orégano

PREPARACIÓN

01 Coloca en un bol grande la harina, como si fuera un volcán con un agujero en el centro, donde vas a poner una taza o vaso con la mezcla de la levadura disuelta en el agua y el azúcar.

02 Espolvorea un poco de harina por encima de la taza y deja reposar 20 minutos. Verás que la levadura he empezado a hacer efecto y tiene una espuma por arriba; mezcla con la harina y agrega la sal y el aceite.

03 Amasa con las manos con un poco de aceite de oliva. La masa es más húmeda que la de la pizza, estírala en una bandeja de horno, tápala y déjala reposar un mínimo de 30 minutos.

04 Mientras, corta la cebolla en rodajas finas y sofríela en un poco de aceite de oliva, a temperatura media para que quede tierna. Mézclala con las aceitunas y repártela por arriba de la masa. Haz marcas con el dedo índice hundiendo la masa varias veces sin llegar al fondo, agrega el orégano por encima y hornea a 180º durante 30 minutos.

[PAN CHORICERO]

Esta receta es una versión nuestra del «pan con chicharrones» típico de Chile y otros países de América Latina. Es perfecto para comer en inverno, incluso sin ponerle nada más.

RACIONES 4-6 personas | **TIEMPO** 1 hora | **DIFICULTAD**

INGREDIENTES

- 500 g de harina de fuerza
- 25 g de levadura fresca
- 300 ml de agua templada
- 1 cdta. de azúcar
- 1 cdta. de sal
- 120 ml de aceite de oliva virgen extra
- 150 g de chorizo vegetal

PREPARACIÓN

01 Coloca en un bol grande la harina, como si fuera un volcán con un agujero en el centro, donde vas a poner una taza o vaso con la mezcla de la levadura disuelta en el agua y el azúcar. Espolvorea un poco de harina por encima de la taza y deja reposar 20 minutos. Verás que la levadura ha empezado a hacer efecto y tiene una espuma por arriba; mezcla con la harina y agrega la sal y el aceite. Amasa hasta conseguir una masa homogénea y deja reposar 1 hora.

02 Corta en trocitos pequeños el chorizo y saltéalo con un poco de aceite. Cuando empiece a quedar tostado, apaga y reserva para que se enfríe.

03 Enharina la mesa y estira la masa, agrega el chorizo, dobla la masa y haz una bola. Vuelve a estirar y repetir el proceso varias veces. Cuando tengas la bola, amasa haciendo un rulo y corta los trozos que quieras dependiendo del tamaño de cada pan. Bolea cada pedazo cortado y dale la forma que quieras.

04 Deja reposar mientras pones el horno a 180º con un bol de metal o un cazo pequeño con agua ya caliente dentro. Pon un poco de aceite repartido por toda la bandeja del horno y espolvorea harina, coloca los panes ya formados y márcalos dándole con las puntas del tenedor. Hornea 40 minutos.

[PAN NAAN]

Este pan, muy presente en la comida de la India, tiene un receta original bastante poco vegana, pero como nos gustan los retos, la veganizamos con muy buen resultado.

RACIONES 4-6 personas | **TIEMPO** 30 minutos | **DIFICULTAD**

INGREDIENTES

- 400 g de harina de fuerza
- 1 cdta. de curry
- 1 cdta. de sal
- 60 ml de aceite de oliva virgen extra
- 150 ml de agua
- 150 ml de yogur de soja sin azúcar
- 50 ml de sirope de agave
- 1 cda. de cilantro fresco

PREPARACIÓN

01 Por un lado mezcla los ingredientes líquidos y por otro los secos. Luego junta ambas mezclas y amasa. El resultado es una masa elástica que no se pega en los dedos. Deja reposar 15 minutos.

02 Para hacer los panes haz un rulo en la mesa enharinada y divídelo en 4 o 5 partes. Al ser un pan que se hace en una sartén, es importante no hacer pedazos muy gordos.

03 Coge cada trozo y haz una bola, y extiéndela con la mano de forma irregular dejando una masa fina. Calienta la sartén con un poco de aceite a fuego medio y pon el pan. Ve dando vueltas hasta que esté bien dorado, incluso algunas partes muy tostadas. Se puede comer caliente o frío.

[CONSEJOS]

✓ No todas las harinas y levaduras actúan de la misma manera, por ello, si la masa queda muy seca, humedece tus manos y vuelve a amasar hasta que obtengas el resultado óptimo. Si, al contrario, queda muy húmeda, haz el mismo proceso pero en lugar de agua agrega harina en tus manos.

✓ Ponle las especias que quieras para poder dar distintos sabores.

HAMBURGUESAS
Y OTROS PANES

Os presentamos una selección de los panes que más han triunfado desde que abrimos Distrito Vegano. Os daré recomendaciones de presentación tal cual lo hacemos nosotros. Algunos de los panes son tan nuevos que los presentamos en otoño de 2018.

CREATE YOUR OWN BURGER

DELICIOUS
ALWAYS FRESH

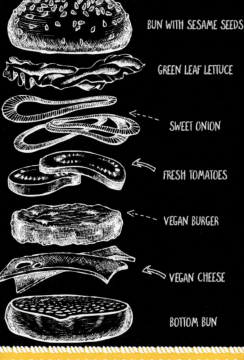

- BUN WITH SESAME SEEDS
- GREEN LEAF LETTUCE
- SWEET ONION
- FRESH TOMATOES
- VEGAN BURGER
- VEGAN CHEESE
- BOTTOM BUN

DESCUBRE NUESTROS PANES

QUINOA
CHEESE BURGER | 105

LA MEXICANA
BURGER | 107

EXÓTICA
BURGER | 109

LA GRIEGA
BURGER | 111

PULLED
PORK | 113

SÁNDWICH
CLUB | 115

COMPLETO
CHILENO | 117

CHOOSE YOUR:

1. BUN
2. BURGER
3. CHEESE
4. SAUCES
5. TOPPINGS
6. CONDIMENTS

[QUINOA CHEESE BURGER]

Durante poco más de un año fue la gran estrella de la casa, y fuimos mejorando mucho la receta hasta quedarnos con esta.

RACIONES 6-8 personas | **TIEMPO** 40 minutos | **DIFICULTAD**

INGREDIENTES

- 50 g de quinoa roja
- 100 g de quinoa blanca
- 350 g de garbanzos cocidos
- 100 g de zanahoria rallada
- 120 g de pimientos rojos
- 80 g de pimientos verdes
- 180 g de harina de arroz
- 1 cdta. de sal
- 1 pizca pimienta
- 1 cdta. de orégano
- 2 cdtas. de curry
- 2 cdtas. de cúrcuma
- Aceite de oliva virgen extra
- 1 ajo

PREPARACIÓN

01 Pela y ralla la zanahoria y saltéala con un poco de aceite de oliva virgen extra. Cuando esté un poco dorada, agrega el pimiento rojo y verde picado fino y saltea unos 10 minutos más. Reserva.

02 Mezcla los dos tipos de quinoa y cuécelas en abundante agua con la sal, la pimienta y el orégano durante 20 minutos, y luego cuélalo.

03 Tritura los garbanzos con el ajo y mezcla con las verduras también trituradas, agrega la quinoa y el resto de especias. Por último échale la harina de arroz y deja reposar.

04 Forma hamburguesas de entre 140 y 160 gramos. Las puedes hacer al horno o en una sartén con poco aceite.

[CONSEJOS]

✓ Para nuestra presentación usábamos un pan mollete recién horneado. Si quieres seguir nuestro orden, es: veganesa (pág. 51) en la base del pan, la *burger*, una loncha de queso vegetal, una rodaja de tomate pasada por la plancha, hojas verdes, más veganesa y pan.

✓ Puedes utilizar otra legumbre u otro tipo de harina (no de trigo) para la preparación.

[LA MEXICANA BURGER]

Desde el verano de 2017 vuelve y volverá siempre cada verano. Su color impresiona y la mezcla de sabores es una pasada.

RACIONES 6-8 personas | **TIEMPO** 40 minutos | **DIFICULTAD**

INGREDIENTES

200 g de arroz
350 g de judías rojas
600 g de remolacha cocida
200 g de copos de quinoa
100 g de harina de arroz
1 cdta. de comino
1 cdta. de perejil fresco
1 cda. de sal

PREPARACIÓN

01 Cuece el arroz en abundante agua durante unos 20 minutos.

02 Tritura las judías blancas y la remolacha y agrega el resto de ingredientes.

03 Forma *burgers* de 140-160 gramos.

[CONSEJOS]

✓ Si quieres hacerla como nosotros, la presentamos con jalapeños, veganesa (pág. 51) y guacamole en un pan *bagel*.

✓ A los menos amantes de la remolacha les sorprenderá gratamente, así que si no te gusta mucho pruébala sin dudarlo.

[EXÓTICA BURGER]

Esta hamburguesa, inspirada en países exóticos como la India o Tailandia, tiene una mezcla de sabores agridulces que resulta muy agradable al paladar. Después de muchas pruebas, y de incorporarla en menús para saber en qué mejorar según la opinión de nuestros clientes, aquí tenéis la *burger* que estará para la temporada de otoño/invierno de 2018/19.

RACIONES 6-8 personas | **TIEMPO** 40 minutos | **DIFICULTAD**

INGREDIENTES

- 400 g de garbanzos cocidos
- 300 g de tofu ahumado
- 130 g de zanahoria
- 200 g de guisantes cocidos
- 170 g de harina de arroz
- 75 ml de salsa de soja sin gluten
- 1 cda. de cilantro fresco picado
- 1 cdta. de ajo en polvo
- 1 cdta. de pimienta negra
- 2 cdas. de curry
- 1 pizca de nuez moscada
- 1 pizca de comino

PREPARACIÓN

01 Pela las zanahorias y tritúralas. Haz lo mismo con el tofu y los garbanzos.

02 Mezcla con todas las especias, la harina de arroz y la salsa de soja. Deja reposar la masa unos 30 minutos en la nevera.

03 Extiéndela y agrega los guisantes, y amasa suavemente para romperlos lo menos posible.

04 Haz hamburguesas de 140-150 gramos.

[CONSEJOS]

✓ Si quieres hacerla como nosotros, la presentamos en un pan *burger* de malta, con espinacas y *chutney* de mango (pág. 71).

✓ Dicen que por un tema de genética el cilantro, que resulta un manjar para unos, es realmente desagradable para otros. Si tu caso es el último, cámbialo por perejil fresco o incluso por un poco de hierbabuena.

[LA GRIEGA BURGER]

Esta hamburguesa es, desde luego, una de las reinas desde que la hicimos por primera vez en 2017. Es toda una explosión de sabores.

RACIONES 6-8 personas | **TIEMPO** 1 hora | **DIFICULTAD**

INGREDIENTES

- 650 g de berenjenas
- 60 g de alga wakame
- 400 g de judías blancas cocidas
- 370 g de harina de arroz
- 1 cdta. de eneldo
- 1 cdta. de albahaca
- 1 cdta. de perejil
- 2 cdtas. de sal

PREPARACIÓN

01 Envuelve las berenjenas en papel de aluminio y hornéalas durante 45 minutos a 240º. Espera que se enfríen, pélalas y tritúralas.

02 Deja el alga wakame 30 minutos en remojo, escúrrela y tritúrala.

03 Tritura también las alubias con todas las especias y mezcla con las berenjenas y el alga.

04 Por último, agrega la harina de arroz y deja reposar 30 minutos en la nevera.

05 Forma hamburguesas de 130-160 gramos.

[CONSEJO]

✓ Si quieres prepararla como nosotros y servirla de una manera muy original, la montamos en una *focaccia* (pág. 97), con hojas verdes, nuestra salsa *tzatziki* (pág. 65), aceitunas negras y queso vegetal estilo feta.

[PULLED PORK]

Para esta receta, al igual que hemos hecho en dos de nuestros platos principales, utilizamos Heüra, una carne vegetal a base proteína de soja enriquecida con B12 que para los que llevamos años sin comer carne resulta bastante chocante la primera vez. Entendemos que no puedas encontrarla en todos los sitios, así que como en los otros casos explicaré además una variante.

RACIONES 4 personas | **TIEMPO** 1 hora | **DIFICULTAD**

INGREDIENTES

- 600 g de bocados de Heüra
- 100 ml de aceite de oliva virgen extra
- 50 ml de Jack Daniel's
- 2 cdas. de pimentón ahumado
- 1 pizca de pimienta
- 1 pizca de comino
- 1 cda. de sal
- 1 repollo
- 300 ml de veganesa (pág. 51)
- Sal gorda

PREPARACIÓN

01 Un día antes pon los bocados en una fuente a macerar con el aceite, el pimentón, la pimienta, el comino, el Jack Daniel's y la cucharada de sal. Mezcla bien y deja en la nevera.

02 Al día siguiente vas a preparar la ensalada de repollo. Por la mañana corta el repollo en tiras finas y déjalo en abundante agua fría con sal gorda durante 2 horas por lo menos. Enjuaga y mezcla con la veganesa.

03 Precalienta el horno a 180º. En una fuente de horno pon los bocados macerados, tápalos con papel de aluminio y mételos en el horno durante 20 minutos. De vez en cuando saca la fuente y mueve para que no se pegue. Saca del horno, deja enfriar un poco y pica en tiras finas.

[CONSEJOS]

✓ Te sugerimos montarla en un pan con sésamo negro, con una base de mostaza al agave, la «carne» y la ensalada de col.

✓ Si no encuentras o quieres cambiar Heüra, una opción son los filetes de legumbres o soja texturizada. En este caso utiliza 200 g de cualquiera de los dos, dejándolos en remojo 20 minutos en abundante agua, y luego macera y sigue como explico antes.

[SÁNDWICH CLUB]

Un plato que muchos viernes ha encantado a nuestros clientes. Lo hacemos solo con verduras asadas y una veganesa de piquillos que está riquísima.

RACIONES 6 personas | **TIEMPO** 30 minutos | **DIFICULTAD**

INGREDIENTES

- 250 g de berenjenas
- 250 g de calabacín
- 250 g de tomates no muy maduros
- 12 rebanadas de pan de molde
- Veganesa de piquillos (pág. 53)
- Hojas verdes
- 1 cda. de albahaca
- 1 cda. de orégano
- Aceite de oliva virgen extra
- Sal gorda

PREPARACIÓN

01 Corta las berenjenas y los calabacines en rodajas finas, los calabacines algo más anchos, ya que tardan menos en hacerse.

02 Precalienta el horno a 200º y pon las verduras cortadas en una bandeja de horno con aceite de oliva, las especias y la sal durante 20 minutos. De vez en cuando muévelas un poco y dales la vuelta para que se hagan bien.

03 Corta los tomates en rodajas gruesas y ponlos en una sartén con un poco de aceite de oliva muy caliente, para que se doren rápido, vuelta y vuelta.

04 Tuesta las rebanadas de pan. Pon una rebanada de pan, un poco de veganesa de piquillos, las berenjenas, el calabacín, otra rebanada de pan, veganesa de piquillos, el tomate a la plancha, las hojas verdes y una rebanada más de pan.

[CONSEJO]

√ Cambia las verduras según la temporada y juega con la variedad de salsas que te hemos enseñado en apartados anteriores.

[COMPLETO CHILENO]

En nuestro país de origen, los perritos calientes son algo más que un pan con salchicha, veganesa, kétchup y cebolla frita. La cantidad de variantes que hay es increíble, pero el Completo es la estrella. Aquí presentamos nuestra versión vegetal.

RACIONES 4 personas | **TIEMPO** 15 minutos | **DIFICULTAD**

INGREDIENTES

- 4 salchichas vegetales largas
- 4 baguettes individuales de unos 18 cms
- 100 g de chucrut
- 200 g de tomates
- 250 g de guacamole
- Veganesa (pág. 51)
- Salsa de kétchup de dátiles (pág. 63)
- Mostaza al agave (pág. 57)
- Aceite de oliva virgen extra

PREPARACIÓN

01 Pon las salchichas en una sartén con un poco de aceite y dóralas.

02 Calienta el pan en el horno a 180º hasta que veas que empieza a tostarse.

03 Pica el tomate en cuadraditos.

04 Abre el pan, pon la salchicha, un poco de *chucrut*, tomate picado, guacamole, veganesa, kétchup y mostaza.

[CONSEJO]

√ Puedes utilizar cualquier pan de perrito, pero en Chile el pan que se utiliza es uno muy parecido a la baguette y queda perfecto.

Con nuestras raíces alemanas, españolas e italianas tenemos mucha variedad de postres que hemos ido adaptando y mejorando. En este apartado compartimos algunos bizcochos que hemos creado y además ideas de tartas que puedes hacer con ellos.

EN ESTA SECCIÓN ENCONTRARÁS

COBERTURAS

Las coberturas son perfectas para preparar una tarta sabrosa y sorprendente.

MERMELADAS

En nuestra familia ha sido muy habitual durante generaciones hacer mermeladas artesanas, por eso no es de extrañar que la gran mayoría de las que hemos utilizado en nuestros postres sean hechas cada semana en Distrito Vegano.

BIZCOCHOS, TARTAS Y OTROS POSTRES

La pastelería vegana suele sorprender bastante a la gente, ya que parece ser una de las cosas más difíciles de hacer. En el restaurante hemos probado con muchos tipos de sustitutos del huevo, siendo la harina de garbanzos la que mejor resultado nos ha dado.

PARA NOSOTROS LOS DULCES SON ALGO QUE NO DEBE ESTAR EN NUESTRA ALIMENTACIÓN TODOS LOS DÍAS, POR ELLO NOS BASAMOS MÁS EN UNA PASTELERÍA TRADICIONAL QUE EN UNA "MÁS SALUDABLE".

DESSERT

- mermelada de berenjenas
- brownie de chocolate
- tartaleta de ruibarbo
- panna cotta con confitura
- salame di cioccolato
- bizcocho de almendras
- glaseado de queso
- tarta de zanahoria
- cobertura de chocolate

BON APPETIT

[COBERTURA DE CHOCOLATE]

En nuestro caso utilizamos chocolate Valrhona bastante puro, entre un 66% y 85% de cacao, pero no son fáciles de encontrar en el día a día en tiendas y supermercados, así que adaptamos la receta a una que no te sea difícil de hacer.

TIEMPO 20 minutos | **DIFICULTAD**

INGREDIENTES

- 350 g de cacao mínimo al 55%
- 150 g de azúcar mascabado o moreno
- 50 g de azúcar glas
- 300 ml de leche de soja o de coco

PREPARACIÓN

01 Pica el chocolate en trozos pequeños para que se funda rápido.

02 Pon en una olla los dos tipos de azúcar y la leche, y lleva a ebullición. Retira del fuego, comprobando que el azúcar esté disuelto del todo, y deja que baje un poco la temperatura; si tienes un termómetro, lo ideal es que sean 65º.

03 Echa el chocolate y bate con unas varillas con movimientos suaves para que no se creen burbujas.

04 Cuando pases a un túper, pon film pegado a la cobertura para que no se cree una capa gruesa arriba.

[CONSEJOS]

✓ La mezcla dura varios días en la nevera.

✓ Para utilizarla como cobertura de tartas, ponla al baño maría y derrite sin que quede muy líquida, a unos 35º o 40º. Vierte sobre la tarta y con la ayuda de una espátula o un cuchillo reparte bien sobre la parte de arriba para que caiga y cubra los lados.

[COBERTURA DE CHOCOLATE BLANCO]

Por suerte, hoy en día es cada vez más normal encontrar chocolate blanco sin leche, tanto en tiendas veganas como en herbolarios. Suele resultar un poco más difícil que hacer una cobertura con chocolate negro, ya que tiende a separarse si no tiene la mezcla correcta.

TIEMPO 20 minutos | **DIFICULTAD**

INGREDIENTES

- 300 g de chocolate blanco
- 200 ml de leche de soja
- 75 g de margarina
- 50 g de azúcar

PREPARACIÓN

01 Pica el chocolate blanco en trozos pequeños.

02 En una olla pon la leche con la margarina y el azúcar, y lleva a ebullición. Saca del fuego y deja reposar hasta que baje un poco la temperatura, a unos 50º.

03 Agrega el chocolate blanco y mezcla con unas varillas hasta que quede una mezcla homogénea.

04 Cuando pases a un túper, pon film pegado a la cobertura para que no se cree una capa gruesa arriba.

[CONSEJO]

✓ El porcentaje de manteca de cacao puede variar mucho dependiendo de la calidad del chocolate blanco, en nuestro caso suele ser del 30%. Si ves que la mezcla empieza a separarse, prueba a poner un poco más de margarina y sigue batiendo.

[GLASEADO DE QUESO]

Nuestro glaseado de queso lo utilizamos para la tarta de zanahoria, la Red Velvet y la selva negra. El resultado es muy parecido al tradicional y resulta bastante sorprendente.

TIEMPO 15 minutos | **DIFICULTAD**

INGREDIENTES

- 200 g de queso vegetal para untar
- 400 ml de nata vegetal para montar

PREPARACIÓN

01 Bate el queso con una batidora de mano con varillas hasta que esté cremoso.

02 Ve añadiendo poco a poco la nata para que se mezcle de manera homogénea.

[CONSEJOS]

✓ Uno de los problemas que nos podemos encontrar es pasarnos batiendo. Las natas vegetales normalmente no se cortan como las de origen animal, así que si sigues batiendo se acabarán poniendo demasiado duras, y si estás en una ciudad con poca humedad como Madrid la tarta se cuarteará entera en poco tiempo. Lo óptimo es que veas que la mezcla es cremosa y que cuando levantes las varillas no sea muy líquida.

✓ Si la nata para montar no lleva azúcar, pon 200 gramos de azúcar glas.

✓ Una alternativa al queso vegetal ya hecho es utilizar 200 gramos de anacardos. Se dejan en remojo durante toda una noche, luego se tira el agua sobrante. Se le agrega el zumo de media lima, una pizca de sal y una cucharadita de levadura nutricional, y se tritura todo hasta que quede una pasta homogénea.

[MERMELADA DE FRESAS AL CAVA Y ROMERO]

Esta mermelada es perfecta para la *panna cotta* que nos ha acompañado desde nuestra apertura y de la que mucha gente nos ha llegado a decir que es la mejor que ha probado en su vida, cosa que nos enorgullece. Podéis encontrar la receta de la *panna cotta* en la página 153.

TIEMPO 1 hora 30 minutos | **DIFICULTAD**

INGREDIENTES

- 1 kg de fresas maduras
- 400 g de azúcar moreno
- 150 ml de zumo de naranja
- 150 ml de cava *brut*
- 1 cdta. de romero

PREPARACIÓN

01 Corta las fresas en cuartos y ponlas con el resto de ingredientes a fuego medio en una olla que te permita remover con facilidad sin salpicar.

02 Remueve de vez en cuando para que no se pegue nada al fondo, durante 1 hora y 15 minutos. Si ves que no ha espesado lo suficiente, déjala un poco más.

[CONSEJOS]

√ Para saber que la mermelada tiene el espesor adecuando, coge con una cuchara un poco del líquido que suelta y expándelo en un plato, se enfriará rápido y verás si ya es lo suficientemente densa.

√ Si quieres hacer una mermelada de cerezas para una tarta selva negra, cambia las fresas por cerezas deshuesadas, elimina el cava y aumenta la cantidad de zumo de naranja a 250 ml.

[MERMELADA DE BERENJENAS]

Una mermelada superoriginal que sirve para darle un toque distinto a platos salados y para tartas o dulces como un *strudel* de manzana. Uno de sus «secretos», que siempre nos ha encantado desvelar a los comensales al terminarla, es que lleva una confitura de berenjenas que hacemos nosotros. A esta le vamos a dar un toque más crujiente agregándole nueces.

TIEMPO 45 minutos | **DIFICULTAD**

INGREDIENTES

- 1 kilo de berenjenas
- 150 ml de zumo de lima
- 200 g de nueces picadas
- 500 g de azúcar de caña

PREPARACIÓN

01 Corta las puntas de las berenjenas, deséchalas y corta el resto en cuadraditos pequeños.

02 Pon en una olla el zumo de lima, las nueces y el azúcar, y luego las berenjenas. Ve removiendo durante 30 minutos. Pasado este tiempo, la mermelada ya tiene que estar lista.

[CONSEJOS]

✓ Puedes cambiar las nueces por otro fruto seco.

✓ Es importante que la berenjena esté cortada en trocitos pequeños que no superen el medio centímetro para que la confitura se haga bien.

✓ Para un *strudel* de manzana, corta 4 manzanas verdes en rodajas finas y ponlas en el centro de una masa quebrada rectangular, dejando suficiente espacio a los lados para poder cerrarla. Añade canela en polvo y la confitura de berenjenas, cierra el *strudel* por los lados y por delante y por detrás, espolvorea con azúcar moreno y hornea 20 minutos a 180º.

[MERMELADA DE PERAS AL CACAO]

Chocolate y peras, una combinación exquisita para poner con una *panna cotta* o rellenar el bizcocho de almendras que luego aprenderás a hacer.

TIEMPO 1 hora 25 minutos | **DIFICULTAD**

INGREDIENTES

- 1 kg de peras muy maduras
- 400 g de azúcar moreno
- 100 ml de zumo de limas
- 1 cdta. de canela
- 100 g de chocolate al 70%

PREPARACIÓN

01 Pela y corta las peras, desechando el centro, en cuadraditos, y coloca los trozos en una olla con el resto de ingredientes, menos el chocolate.

02 Calienta a fuego medio durante 1 hora, removiendo de vez en cuando para que no se pegue al fondo.

03 Pasado este tiempo agrega el chocolate partido en trozos pequeños y remueve hasta que quede todo bien mezclado.

[CONSEJOS]

✓ Para hacer otra versión, cambia el chocolate negro por uno blanco, y añádele una pizca de clavo de olor.

✓ A la mezcla del bizcocho de almendras (pág. 133) puedes ponerle 200 gramos de esta mermelada a la masa, lo pones en un molde rectangular y al horno según las instrucciones. Perfecto para una merienda.

[BIZCOCHO DE ALMENDRAS]

Este bizcocho es perfecto para hacer tartas de cumpleaños y a mucha gente que lo ha probado le ha traído gratos recuerdos de la infancia. La razón es que antiguamente se utilizaba mucho la esencia de almendras. En este caso lo haremos directamente con harina de almendra.

RACIONES 12 porciones | **TIEMPO** 1 hora 15 minutos | **DIFICULTAD**

INGREDIENTES

- 100 ml de aceite de oliva suave
- 100 ml de aceite de girasol
- 250 ml de leche de almendras
- 175 g de azúcar moreno
- 75 g de harina de almendra
- 250 g de harina de repostería
- 6 cdas. de harina de garbanzo
- 1 cda. de levadura de repostería

PREPARACIÓN

01 Mezcla los aceites con la leche de almendras y el azúcar hasta que queden completamente integrados, añade la harina de almendra y bate con unas varillas otra vez. Déjalo reposar.

02 Por otra parte, mezcla el resto de los ingredientes secos y añade a la mezcla anterior.

03 Vierte en dos moldes de 20 cm previamente untados en aceite y enharinados, y hornea a 160º durante 45 minutos. Comprueba pinchando con un palillo en el centro que estén hechos, si sale seco ya lo tienes y si ves que falta un poco deja 10 minutos más.

04 Sácalos del horno y, sin desmoldar, tapa con un paño. Cuando estén templados, desmóldalos.

[CONSEJO]

✓ Si lo deseas dejar solo como bizcocho, y no usarlo para hacer una tarta, puedes hacerlo en un molde cuadrado o rectangular.

[TARTA DE MELOCOTONES EN ALMÍBAR]

Para preparar esta tarta recomendamos utilizar el bizcocho de almendras que hemos hecho en la receta anterior.

RACIONES 12 porciones | **TIEMPO** 1 hora 30 minutos | **DIFICULTAD**

INGREDIENTES

- 1 bizcocho de almendras (pág. 133, usando solo uno de los bizcochos que salen con la receta)
- 500 ml de nata vegetal para montar
- 240 g de melocotones en almíbar

PREPARACIÓN

01 Para la tarta corta el bizcocho horizontalmente en 2 trozos, sacando la parte restante en caso de que hubiese subido mucho por el centro, para dejarlos planos.

02 Bate la nata hasta que quede cremosa. Sobre uno de los bizcochos pon una capa de nata de poco menos de 1 centímetro.

03 Corta los melocotones en almíbar en rodajas finas y colócalas haciendo una espiral de fuera hacia dentro.

04 Pon la otra capa de bizcocho y cubre los lados y la parte de arriba de tarta con una cobertura fina de nata, ayudándote con una lengüeta o un cuchillo grande.

05 Añade otra capa de melocotón cortado fino en medias lunas haciendo una espiral.

06 Mete al congelador una hora.

[CONSEJO]

√ Variante: calienta 300 ml de cobertura de chocolate blanco vegano al baño maría, que quede fundida pero no del todo líquida, a unos 35º. Saca la tarta del congelador y ponla en una superficie con relieve, por ejemplo sobre 3 vasos puestos del revés, y echa la cobertura de chocolate blanco.

[BIZCOCHO DE PLÁTANO Y CHOCOLATE]

Con este bizcocho podemos hacer infinidad de tartas. Debido a su alto contenido en cacao, recomiendo preparar un almíbar para mojarlo.

RACIONES 12 porciones | **TIEMPO** 1 hora 25 minutos | **DIFICULTAD**

INGREDIENTES

- 500 g de plátanos muy maduros
- 250 ml de aceite de girasol
- 250 ml de leche de soja
- 180 g de azúcar moreno
- 6 cdas. de harina de garbanzo
- 1 cdta. de concentrado de vainilla de Madagascar
- 300 g de harina de trigo
- 100 g de cacao puro en polvo
- 1,5 cdas. de levadura de repostería
- 1 pizca de sal
- 1 chupito de ron

PREPARACIÓN

01 Muele los plátanos hasta que se haga un puré, añade el aceite, la leche, el azúcar, la harina de garbanzo y la vainilla. Bate hasta que quede todo incorporado y añade el ron. Deja reposar.

02 Mezcla el resto de ingredientes secos y añade a la mezcla anterior.

03 Separa en moldes de 20 cms y métalos 1 hora en el horno precalentado a 180º. Comprueba pinchando con un palillo en el centro que estén hechos, si sale seco ya lo tienes y si ves que falta un poco deja 10 minutos más.

04 Sácalos del horno y sin desmoldar tapa con un paño. Cuando estén templados, desmóldalos.

[CONSEJO]

√ Si lo deseas dejar solo como bizcocho, puedes hacerlo en un molde cuadrado o rectangular.

[TARTA SACHER]

Para esta tarta recomendamos utilizar el bizcocho de plátano y chocolate de la receta anterior.

RACIONES 12 porciones | **TIEMPO** 1 hora 30 minutos | **DIFICULTAD**

INGREDIENTES

- 1 bizcocho de plátano y chocolate (pág. 137, usando solo uno de los bizcochos que salen con la receta)
- 20 g de chocolate mínimo al 55%
- 150 g de azúcar
- 100 ml de agua
- 100 ml de brandy
- 200 g de mermelada de albaricoque
- 250 g de cobertura de chocolate

PREPARACIÓN

01 Para la tarta corta el bizcocho horizontalmente en 2 trozos, sacando la parte restante en caso de que hubiese subido mucho por el centro, para dejarlos planos.

02 Pon en un cazo a fuego alto el chocolate, el azúcar, el agua y el brandy. Cuando llegue a ebullición baja un poco el calor y remueve durante 5 minutos. Reserva.

03 Agujerea los bizcochos con un palillo y ponlos en un plato grande por separado. Con la ayuda de un pincel, mójalos hasta gastar todo el almíbar y déjalos reposar 10 minutos.

04 Tritura la confitura hasta dejarla como una compota, sin trozos.

05 Coge un bizcocho con la parte mojada hacia arriba y úntalo de mermelada, pon el otro bizcocho con la parte mojada hacia abajo y haz un poco de presión para que la confitura quede repartida de manera uniforme.

06 Pon la cobertura de chocolate al baño maría y derrite sin que quede muy líquida, a unos 35º o 40º, y vierte sobre la tarta y con ayuda de una espátula o un cuchillo. Reparte bien sobre la parte de arriba para que caiga y cubra los lados.

[CONSEJO]

✓ Sírvela con nata montada al lado.

[TARTA SELVA NEGRA]

Para esta tarta recomendamos utilizar el bizcocho de plátano y chocolate que hemos preparado antes.

RACIONES 12 porciones | **TIEMPO** 1 hora 30 minutos | **DIFICULTAD**

INGREDIENTES

- 1 bizcocho de plátano y chocolate (pág. 137, usando solo uno de los bizcochos que salen con la receta)
- 20 g de chocolate mínimo al 55%
- 150 g de azúcar
- 100 ml de agua
- 100 ml de aguardiente
- 200 g de mermelada de cerezas (pág. 127, ver consejos)
- Mezcla de *frosting* de queso (pág. 125)
- Virutas de chocolate al gusto

PREPARACIÓN

01 Para la tarta corta el bizcocho horizontalmente en 2 trozos, sacando la parte restante en caso de que hubiese subido mucho por el centro, para dejarlos planos.

02 Pon en un cazo a fuego alto el chocolate, el azúcar, el agua y el aguardiente. Cuando llegue a ebullición baja un poco el calor y remueve durante 5 minutos. Reserva.

03 Agujerea los bizcochos con un palillo y ponlos en un plato grande por separado. Con la ayuda de un pincel, mójalos hasta gastar todo el almíbar y déjalos reposar 10 minutos.

04 Con la ayuda de un molde de tarta pon un bizcocho con la parte mojada hacia arriba, pon la mermelada y repáratela de manera uniforme.

05 Pon encima una capa de *frosting* de queso de poco menos de 1 cm y pon el otro bizcocho con la parte mojada hacia abajo. Colócalo en el congelador una hora. Este proceso lo hacemos para que la confitura de cerezas no se desparrame y manche la tarta al poner el *frosting* por los lados. Con la ayuda de un cuchillo o una lengüeta pon *frosting* arriba y por los lados.

06 Toca decorarla. Echa virutas de chocolate por toda la tarta. Luego, pon en una manga pastelera una boquilla de estrella y lo que queda de *frosting*, colocando en los bordes arriba montoncitos de nata, y en cada uno puedes ponerle una cereza fresca o dejarla así.

[BIZCOCHO DE REMOLACHA]

Un mes antes de la nueva carta de otoño/invierno 2017/2018 me llevaba de cabeza una receta que quería crear, que era hacer con remolacha una tarta Red Velvet. Me fui de vacaciones a Marsella y un día al levantarme me vino la receta, llamé a mi madre y le expliqué paso a paso cómo tenía que hacerla..., y resultó bastante bien. Esta receta es una alternativa sin colorantes artificiales que usamos para hacer tanto la tarta como los *cupcakes* de Red Velvet. Es una delicia.

RACIONES 12 porciones | **TIEMPO** 2 horas | **DIFICULTAD**

INGREDIENTES

- 700 g de remolacha cruda
- 300 g de harina de repostería
- 2 cdas. de cacao en polvo
- 1,5 cdas. de levadura de repostería
- 250 ml de leche de soja
- 200 g de azúcar
- 6 cdas. de harina de garbanzo
- 150 ml de aceite de girasol
- 100 ml de aceite de oliva suave
- El zumo de 3 limas

PREPARACIÓN

01 En un vaso mezcla 75 ml de la leche de soja con el zumo de las limas y deja a temperatura ambiente.

02 Pela y tritura la remolacha hasta que sea una pasta homogénea.

03 Mezcla la harina con el cacao, la levadura, el azúcar y reserva.

04 La mezcla de leche de soja y limas debe tener un aspecto brumoso, como cuando se corta la leche. Mézclalo con el resto de leche, los aceites y la harina de garbanzo. Junta el resultado con la mezcla seca y añade la remolacha.

05 Vierte en dos moldes de 20 cm previamente untados en aceite y enharinados y hornea a 160º durante 45 minutos. Comprueba pinchando con un palillo en el centro que estén hechos, si sale seco ya lo tienes y si ves que falta un poco deja 10 minutos más.

06 Sácalos del horno y sin desmoldar tapa con un paño, cuando estén templados desmóldalos.

[CONSEJO]

✓ Si lo deseas dejar solo como bizcocho, puedes hacerlo en un molde cuadrado o rectangular.

[TARTA RED VELVET]

Para esta tarta puedes utilizar el bizcocho de remolacha que hemos preparado en la receta anterior.

RACIONES 12 porciones | **TIEMPO** 1 hora 30 minutos | **DIFICULTAD**

INGREDIENTES

2 bizcochos de remolacha (pág. 143)

Mezcla de *frosting* de queso (pág. 125)

PREPARACIÓN

01 Para la tarta utiliza los dos bizcochos de remolacha, sacando la parte restante en caso de que hubiese subido mucho por el centro, para dejarlos planos.

02 Pon 1 centímetro más o menos de *frosting* sobre uno de los bizcochos de manera homogénea, y coloca el otro bizcocho encima.

03 Con la ayuda de un cuchillo o una lengüeta, pon *frosting* arriba y por los lados.

04 Decora con la parte sobrante del bizcocho desmigándolo y echándolo por encima y si quieres también por el lateral.

[CONSEJO]

✓ Hazla en un molde cuadrado añadiendo trozos de chocolate blanco y tendrás un original *brownie* de remolacha.

[BIZCOCHO DE ZANAHORIA]

Un clásico en nuestra carta que ha tenido muchos cambios hasta encontrar el mejor resultado, de modo que esperamos que te encante.

RACIONES 12 porciones | **TIEMPO** 1 hora 40 minutos | **DIFICULTAD**

INGREDIENTES

- 350 g de zanahorias
- 100 ml de aceite oliva suave
- 100 ml de aceite de girasol
- 200 ml de leche de almendras
- 45 g de nueces
- 200 g de azúcar
- 250 g de harina de repostería
- 50 g de harina de almendra
- 6 cdas. de harina de garbanzo
- 2 cdas. de canela
- 1/2 cdta. de pimienta
- 1/2 cdta. de nuez moscada
- 1 cdta. de bicarbonato
- 1 cdta. de levadura de repostería
- 1 pizca de sal

PREPARACIÓN

01 Mezcla todos los ingredientes líquidos, las especias y la sal, después añade la harina de garbanzo y bate hasta que quede todo muy incorporado.

02 Deja reposar mientras mezclas el resto de ingredientes secos (menos la zanahoria).

03 Mezcla ambas partes y añade la zanahoria pelada y rallada.

04 Separa la mezcla en dos moldes de 20 cms redondos y hornea a 160º durante 1 hora. Si aún está muy húmedo déjalo 10 minutos más. Sácalos del horno y, sin desmoldar, tapa con un paño.

05 Cuando estén templados, desmóldalos.

[CONSEJO]

✓ Si lo deseas dejar solo como bizcocho, puedes hacerlo en un molde cuadrado o rectangular.

[TARTA DE ZANAHORIA]

Para esta receta te hará falta una mezcla de *frosting* de queso y el bizcocho de zanahoria que hemos preparado en la receta anterior.

RACIONES 12 porciones | **TIEMPO** 1 hora 30 minutos | **DIFICULTAD**

INGREDIENTES

- 2 bizcochos de zanahoria (pág. 147)
- Mezcla de *frosting* de queso (pág. 125)

PREPARACIÓN

01 Pon 1 centímetro más o menos de *frosting* sobre uno de los bizcochos de manera homogénea, y el otro bizcocho encima.

02 Con la ayuda de un cuchillo o una lengüeta, pon *frosting* arriba y por los lados.

03 Decora con la parte sobrante del bizcocho desmigándolo y echándolo por encima y si quieres también por el lateral.

[CONSEJO]

✓ Báñala con la cobertura de chocolate blanco (pág. 123) y el resultado será maravilloso. Una explosión de sabores en tu boca y la de tus invitados.

[BROWNIE DE CHOCOLATE]

Un postre goloso que nosotros presentamos con helado de vainilla y chocolate caliente por encima. Nuestra receta es algo distinta a la tradicional, además de ser 100% vegetal es más esponjosa, y no un bloque duro que muchas veces es casi incomestible.

RACIONES 12 porciones | **TIEMPO** 1 hora | **DIFICULTAD**

INGREDIENTES

- 500 g de plátanos muy maduros
- 150 ml de aceite de girasol
- 100 g de margarina
- 1 cdta. de concentrado de vainilla de Madagascar
- 250 ml de leche de soja
- 6 cdas. de harina de garbanzo
- 100 g de chocolate negro mínimo al 55%
- 300 g de harina de trigo
- 180 g de azúcar moreno
- 125 g de cacao puro en polvo
- 150 g de nueces garrapiñadas
- 1 cda. de levadura de repostería
- 1 pizca de sal
- 1 chupito de ron

PREPARACIÓN

01 Muele los plátanos hasta que se haga un puré, añade el aceite, la margarina, la vainilla, la leche, el azúcar, la harina de garbanzo y el ron.

02 Bate hasta que quede todo incorporado y añade el ron. Deja reposar.

03 Pica el chocolate en trozos del tamaño de un cacahuete, mezcla todos los ingredientes secos y añade a la mezcla anterior.

04 Ponlo en un molde rectangular de 28x18 cms (si es más grande quedará más plano) 1 hora en el horno a 180º.

05 Comprueba pinchando con un palillo en el centro que esté hecho, si sale seco ya lo tienes y si ves que falta un poco deja 10 minutos más.

06 Sácalo del horno y, sin desmoldar, tapa con un paño. Cuando esté templado, desmóldalo.

[CONSEJO]

✓ Nosotros lo calentamos un poco, le ponemos una bola de helado de vainilla y le echamos por encima chocolate fundido de nuestra cobertura (pág. 121). Es recomendable hacer esto último delante de tus invitados para que alucinen con el espectáculo.

[TARTALETA DE RUIBARBO]

El ruibarbo es algo que siempre quise usar en algún postre. Sin haberlo probado lo había visto y oído hablar de él tantas veces que cuando pensé qué hacer con él conseguí un resultado maravilloso. Aviso, si pruebas el riubardo solo igual no te gusta tanto... o nada.

RACIONES 12 porciones | **TIEMPO** 1 hora | **DIFICULTAD**

INGREDIENTES

- 300 g de ruibarbo
- 280 g de azúcar moreno
- 60 g de maicena
- 360 g de leche de soja
- 1 vaina de vainilla de Madagascar
- 200 g de chocolate blanco
- 60 g de margarina vegetal
- 1 masa quebrada ecológica redonda

PREPARACIÓN

01 Deja el ruibarbo cortado en láminas finas macerando con 200 g de azúcar moreno.

02 Haz una crema pastelera de chocolate blanco: mezcla 60 g de maicena con 60 g de leche de soja y la vainilla, sin dejar grumos. Pon en una olla a fuego medio 300 g de leche con 80 g de azúcar moreno y 60 g de margarina, sube a fuego más fuerte cuando el azúcar y la margarina se hayan mezclado y al arrancar el hervor baja al mínimo. Añade la leche que tiene la maicena, y los 200 g de chocolate blanco cortado en trozos. Remueve sin parar hasta que espese. Entonces retira del fuego, ponlo en un bol y tapa con un film pegado a la crema para que no cree una capa seca.

03 Precalienta el horno a 180º y pon la masa en un molde de tartaleta (para que al hornear no deforme le pongo papel de horno por encima y 500 g de garbanzos secos, que guardo en un bote para usar siempre los mismos). Hornea 15 minutos. Sácala y retira los garbanzos y el papel.

04 Con ayuda de una lengüeta, pon de manera uniforme la crema pastelera y luego, de fuera hacia dentro, coloca el ruibarbo cortado en láminas. Hornea durante 20 minutos.

[CONSEJO]

✓ Esta tarta también se puede hacer con fresas, kiwi, piña..., pero si tiene un toque ácido, mejor.

[SALAME DI CIOCCOLATO]

Una delicia italiana pensada para los más pequeños de la casa, pero que nosotros hemos versionado con un chocolate más puro y por supuesto eliminando todo producto de origen animal.

RACIONES 12 porciones | **TIEMPO** 20 minutos | **DIFICULTAD**

INGREDIENTES

- 150 g de chocolate negro al 70%
- 40 g de margarina
- 50 ml de leche de soja
- 150 g de galletas tipo María
- Azúcar glas

PREPARACIÓN

01 Pon en un bol de metal al baño maría la margarina con la leche y el chocolate troceado.

02 Cuando se haya derretido toda la margarina, retira y sigue removiendo con unas varillas hasta que obtengas una masa homogénea.

03 Trocea las galletas de manera irregular y agrega al chocolate. Con la ayuda de una lengüeta mezcla todo hasta que los ingredientes estén incorporados.

04 Corta un trozo de papel de hornear de unos 35 centímetros y pon la mezcla a lo largo en un lado.

05 Enrolla con cuidado doblando los lados y mete en la nevera durante 4 horas.

06 Cuando esté solido, desenvuelve, espolvorea con azúcar glas y corta en rodajas de medio centímetro.

[CONSEJO]

✓ Añade pistachos al *salame* para darle un toque crujiente y sabroso.

[PANNA COTTA CON CONFITURA DE FRESAS]

Criados entre recetas italianas, no es de extrañar que veganizáramos este postre, siendo una estrella desde que abrimos en 2016.

RACIONES 6 personas | **TIEMPO** 20 minutos | **DIFICULTAD** ▼

INGREDIENTES

300 ml de leche de soja
300 ml de nata vegetal
3 g de agar agar
Confitura de fresas

PREPARACIÓN

01 Mezcla la leche de soja con la nata y el agar agar y pon en un cazo a fuego alto.

02 Al llegar a ebullición, apaga el fuego, cuela y sirve en vasitos o en cuencos pequeños de postre. Así de fácil.

03 Cuando se haya enfriado, ponle encima una cucharada de confitura, que le dará el dulzor.

[CONSEJO]

✓ Dale sabor añadiendo esencia de vainilla o la esencia que quieras.

© 2018, Pablo Donoso
© 2018, Diversa Ediciones
Edipro, S.C.P.
Carretera de Rocafort 113
43427 Conesa
diversa@diversaediciones.com
www.diversaediciones.com

Primera edición: noviembre de 2018
Segunda edición: abril de 2019

ISBN: 978-84-949486-0-2
ISBN ebook: 978-84-949486-1-9
Depósito legal: T 1356-2018

Diseño y maquetación: Dondesea, servicios editoriales
Fotografías: © Betsabet Donoso

Todos los derechos reservados. Queda prohibida la reproducción total o parcial de cualquier parte de este libro, incluido el diseño de la cubierta, así como su almacenamiento, transmisión o tratamiento por ningún medio, sin el permiso previo y por escrito de la editorial. La infracción de los derechos mencionados puede ser constitutiva de delito contra la propiedad intelectual (Art. 270 y siguientes del Código Penal). Dirígase a CEDRO (Centro Español de Derechos Reprográficos, www.cedro.org) si necesita fotocopiar o escanear algún fragmento de esta obra.

Impreso en España – *Printed in Spain*

Pablo Donoso

Nacido en diciembre de 1986 en un pueblo de Argentina, vivió hasta los 14 años en Chile, donde de la mano de su madre y sus abuelas aprendió desde muy temprana edad a cocinar. En su hogar siempre han estado presentes la cocina italiana, la alemana y la chilena, por cuestión de raíces. Ha vivido en varias ciudades españolas, siendo su residencia actual Madrid, donde tiene el restaurante Distrito Vegano. Con los años su pasión por la cocina ha ido en aumento y siempre le ha interesado mucho la comida de todo el mundo, algo que intenta plasmar cada seis meses con los cambios de carta de su restaurante.

Made in the USA
Monee, IL
19 May 2022